Verena Keil (Hg.)

Ein Weihnachts-Licht

FÜR DICH

Geschichten und Gedanken
für die schönste Zeit des Jahres

GerthMedien

Verena Keil (Hg.)

Ein Weihnachts-Licht

FÜR DICH

Geschichten und Gedanken
für die schönste Zeit des Jahres

Inhalt

Statt eines Vorworts	7
Auf, Seele, auf!	9
Dezembergedanken	10
Der krüppelige Weihnachtsbaum	12
Geschenke entdecken	16
O du fröhliche, o du selige	18
Weihnachten liegt der Luft	22
Ich liebe Weihnachtstraditionen!	25
Zu Hause im Advent	28
Heimat – wo ich zu Hause bin	33
Ich bin das Licht der Welt	37
Der wundersame Weihnachtsfrieden	39
Timmys Weihnachtswunder	41
Das Geschenk	45
Ermunterung zur Kindesliebe	49
Licht an!	51
Geben ist seliger als nehmen	54

Unterhaltung im Himmel	57
Heilige Nacht	66
Keine gewöhnliche Nacht	68
Wie eine Schachtel Pralinen	70
Das improvisierte Weihnachtsfest	74
Freude	84
Der Pirat an der Krippe	85
Vier Minuten und 33 Sekunden	90
Was ist dir heilig?	94
Stromausfall	95
Stern über diesem Stall	102
Das Licht des Himmels	104
Der Unbekannte an Tisch Nr. 5	106
Fröhliche Weihnacht	111
Liebesknoten	113
Ein Pappkarton voll Weihnachten	116
Was ich dir wünsche	119
Quellenverzeichnis	121

Statt eines Vorworts

Ich wünsche dir Zeit, innezuhalten und den Geschichten und Gedanken nachzuspüren.

Ich wünsche dir, dass dich immer wieder, mitten im Alltag, die Freude überrascht und du andere überraschen kannst.

Ich wünsche dir, dass du deine Seele aufmachen kannst, um die Wunder dieser Zeit zu empfangen.

Ich wünsche dir helle Hoffnung in dunklen, kalten Tagen und Trost in schweren Stunden.

Ich wünsche dir, dass du neu angerührt wirst von dem, was in den Traditionen und Symbolen dieser adventlichen Zeit verborgen liegt.

Ich wünsche dir Geborgenheit – dort, wo du dich am meisten danach sehnst.

Ich wünsche dir, dass das Licht der Weihnacht dein Herz erfüllt – und dass du andere mit deinem Leuchten ansteckst.

Ich wünsche dir, dass du bei dir selbst zu Hause sein kannst, aber noch vielmehr: dass du ein Zuhause bei Gott findest.

Ja, das wünsche ich dir: dass du über das Weihnachtsgeheimnis – das Kind in der Krippe – ins Staunen kommst und du dich von ihm verändert und berührt auf den Weg machen kannst zu Gott, der dich unendlich liebt.

Frohe Lektüre!

Verena Keil

Auf, Seele, auf!

Auf, Seele, auf und säume nicht,
es bricht das Licht herfür;
der Wunderstern gibt dir Bericht,
der Held sei vor der Tür.

Gib acht auf diesen hellen Schein,
der aufgegangen ist;
er führet dich zum Kindelein,
das heißet Jesus Christ.

Drum mache dich behände auf,
befreit von aller Last,
und lass nicht ab von deinem Lauf,
bis du dies Kindlein hast.

Michael Müller

Dezembergedanken

Birgit Ortmüller

Die Trübsal des Novembers wird von dem Kerzenschein im Advent behutsam zur Seite gedrängt und erhellt die Tage im Dezember. Es ist Dezember, die schönste Zeit des Jahres beginnt, zumindest für die meisten Menschen.

Ich horche in mich hinein und überlege mir, wie ich die Adventszeit für mich persönlich auch zu einer „stillen" Zeit werden lassen kann. Ruhe und Stille sind nicht gerade die häufigsten Weggefährten in unserer schnelllebigen und oftmals lauten Zeit, und doch sind sie gerade die notwendigen Stützen, die Kraft und Geborgenheit verleihen.

Wenn ich an meine Kinderzeit denke, dann konnten die Tage bis zum Christfest nicht schnell genug vergehen, die Zeit zog sich unendlich. Heute möchte ich gerne ein paar Stunden an den Tagesablauf anhängen.

Doch gerade die frühe Dunkelheit im Dezember lädt gerade dazu ein, Ruhe und Besinnung im Advent zu suchen und zu genießen. Es braucht nicht viel, eine Kerze, eine Tasse Tee in einem warmen Eckchen im Haus dienen der körperlichen und seelischen Erbauung.

Advent bedeutet „Ankunft", wir erwarten die Geburt des Sohn Gottes, die Rettung der Menschheit. Im geschäftigen Treiben, gerade im Dezember, geht diese Botschaft häufig unter, aber in der Stille erreicht sie unser Herz.

Ja, es ist wieder so weit! Ich nehme mir bewusst den „Freiraum" und öffne mich für die frohe Botschaft der Weihnachtszeit.

Der krüppelige Weihnachtsbaum

Janita Pauliks

So ein Weihnachtsbaum ist schon eine wichtige Sache. Wir legen die Geschenke darunter, machen davor unsere Weihnachtsfotos, und er macht unser Haus weihnachtlich. Er gehört einfach zum Fest dazu wie zum Geschenk das Schleifenband.

Doch woher nehmen, wenn nicht stehlen?, fragten wir uns in diesem Jahr angesichts der Ebbe in unserer Haushaltskasse. Bei den Preisen auf dem Weihnachtsbaum-Markt gab es für uns keine Möglichkeit, einen Baum zu kaufen. Die Variante, einen Baum zu stehlen, wurde im Familienrat zwar in Erwägung gezogen, aber schnell wieder verworfen. So blieb uns nur die Hoffnung, am Schluss des Leipziger Weihnachtsmarktes einen der vielen Bäume abzustauben. Der Weihnachtsbaum-Markt schloss allerdings erst am Abend des 23. Dezember. Das strapazierte unsere Geduld sehr.

„Hoffentlich bekommen wir noch einen Baum!", stöhnte meine kleine Tochter Hannah kurz vor Weihnachten. „Bestimmt, die haben dort so viele Bäume stehen, da werden wir schon was Schönes finden", tröstete sie mein Mann zuversichtlich.

Am Abend des 23. Dezember machten sich dann die Männer des Hauses auf den Weg nach Leipzig. Wir drei Frauen hatten noch anderes im Haus zu tun. Als mein Mann und unser fünfjähriger Sohn Janis ein paar Stunden später wieder heimkamen, verkündete Janis stolz: „Wir haben einen wunderschönen Baum gefunden, und für die Mädchen und mich hab ich auch noch kleine mitgebracht!" Er strahlte übers ganze Gesicht.

Die Blicke meines Mannes verrieten mir, dass er anderer Meinung war. Nachdem die beiden die kleinen Bäumchen in die Kinderzimmer gebracht hatten, erzählte Janis, wie er mit Papa auf Baumsuche gegangen war. Ganz schön knifflig sei es gewesen, aus dem großen Haufen einen Baum herauszuangeln. „Aber wir haben den allerschönsten gefunden!", meinte er. „Der Baum ist der allerschönste der Welt!" Seine Augen leuchteten, während er von dem Baum schwärmte. Und wir Mädels waren sehr gespannt, wie der Baum wohl aussehen würde. Mein Mann bekam nur ein schwaches Grunzen heraus.

Als die Kinder schließlich im Bett waren, ließen mein Mann und ich uns aufs Sofa plumpsen.

„Jetzt erzähl mal, was ist mit dem Baum?", fragte ich ihn neugierig.

„Tja, der Baum ist eine hässliche Krücke", meinte er zerknirscht. „Ich hätte ihn fast dagelassen, aber Janis war so begeistert von dem Ding, da konnte ich nicht anders. Du hättest sehen sollen, wie stolz er auf dem Beifahrersitz gesessen hat, als wir den Baum und die anderen Ästchen ins Auto eingeladen hatten!" Wir mussten beide schmunzeln, und ich nahm mir vor, diesen Baum zu lieben, egal, wie er aussah.

Am nächsten Morgen musste als Allererstes der Baum aufgestellt werden. Sonst hätten wir nicht in Ruhe frühstücken können, weil Janis immer noch so aufgeregt war und uns endlich den wunderschönsten Weihnachtsbaum der Welt zeigen wollte. Erstaunlich war, dass selbst seine beiden großen Schwestern es nicht wagten, irgendetwas Abfälliges über den Baum zu sagen. Es war so süß, zu sehen, wie Janis stolz zum Baum emporschaute und vor Freude fast platzte. Ich für meinen Teil muss gestehen, dass ich diesen krüppeligen Baum total schön fand, obwohl einige Besucher ihn später als „kahlen Asten" beschimpften. Denn jedes Mal, wenn ich mir diesen Baum anschaute, musste ich an Janis' leuchtende Augen und den stolzen Ausdruck auf seinem Gesicht denken.

Ist das bei Gott nicht auch so? Der Apostel Paulus schreibt: „Gott hat das erwählt, was von der Welt verachtet und gering geschätzt wird" (siehe 1. Korinther 1,28).

Gott ist so anders als wir Menschen. Er beurteilt uns nicht nach unserer äußeren Erscheinung, sondern er schaut uns direkt ins Herz. Er sieht in jedem das Kostbare, das wir Menschen so schnell übersehen. Bei ihm kommt es nicht darauf an, wie gut wir vor anderen dastehen. Er sieht uns mit Liebe an und sagt: „Du bist schön, und ich liebe dich so, wie du gerade hier vor mir stehst." Und das Interessante ist: Diese Liebe, die die Schönheit des anderen sieht, ist ansteckend!

Geschenke entdecken

Verfasser unbekannt

Stell dir vor, du hast einen Penny ganz für dich allein. Stell dir vor, du hast einen Becher und einen Kuchen und eine Zuckerstange und einen Penny. Noch nie hatte es so ein Weihnachten gegeben.
Laura Ingalls Wilder

An welche weihnachtlichen Düfte können Sie sich noch aus Ihrer Kindheit erinnern? Welche Kleinigkeiten, an die Sie sich bis heute erinnern, haben Sie ganz vorne in der Spitze des Stiefels gefunden, den Sie vor die Tür gestellt hatten?

Die Geschenke aus der Geschichte von Laura Ingalls Wilder scheinen recht kläglich zu sein – ein Becher, eine Zuckerstange und ein Penny. Aber da sie nicht viel materiellen Besitz hatte, waren das kleine Wunder, die bestaunt wurden.

Welche kleinen, aber wichtigen Reichtümer schenkt Gott Ihnen? Welche „kleinen" Geschenke haben Sie im vergangenen Jahr bekommen und beinah übersehen, weil sie Ihnen, nun ja, vielleicht so selbstverständlich vorkamen? Welche Gnade hat Gott Ihnen und Ihrer Familie erwiesen? Manche Menschen denken vielleicht, das sei bloß „ein Penny", aber für Sie ist es ein kostbares Geschenk von Gott.

Blicken Sie einmal auf Ihr Jahr zurück, und danken Sie Gott für alles, was er Ihnen geschenkt hat.

O du fröhliche, o du selige ...

Hanna Willhelm

Und alsbald war da bei dem Engel die Menge der himmlischen Heerscharen, die lobten Gott und sprachen: „Ehre sei Gott in der Höhe und Friede auf Erden bei den Menschen seines Wohlgefallens."
Lukas 2,13–14; LU

Als Kind war ich begeistert von Weihnachten und fieberte jedes Jahr dem Dezember entgegen. Ich mochte die Dunkelheit, die Kerzen, die Lieder, Krippenspiele, Zuckerbrötle (Plätzchen), Adventskalender und Geschenke. Seltsamerweise kamen mir die vier Wochen vor dem 24. Dezember dabei nie zu kurz vor, und die Mystik um das Fest stellte sich von ganz alleine ein. Je älter ich wurde, desto mehr gingen diese besondere Stimmung und die kindliche Vorfreude verloren. Trotzdem schenkt Gott oft in all dem Weihnachtsstress einen Moment, in dem ich ganz neu von der Botschaft des Christfestes berührt werde.

Vergangenes Jahr erlebte ich meinen Weihnachtsmoment mitten in der Vorbereitung auf eine Kur, die ich mit den Kindern Mitte Dezember antreten wollte. Ich konnte abends nicht einschlafen, weil ich mir Sorgen machte, wie ich alles rechtzeitig vor dem Fest schaffen sollte. Mitten in diese Unruhe hinein kam mir ein Gedanke: „Gott verspricht Frieden gerade da, wo es an Perfektion fehlt. Das ist die ursprünglichste Bedeutung von Weihnachten!"

Könnten wir uns unsere eigene heile Welt schaffen, hätte Gott nicht als kleines Kind in einem armen Stall unter schwierigen Verhältnissen geboren werden müssen. Es gibt kaum etwas, was uns die Weihnachtsbotschaft deutlicher vermitteln möchte, als dass Gott hineinkommt in unsere eigene Schuld und Unsicherheit, in trostlose Nachrichten, in die Hektik und den Erwartungsdruck unserer Gesellschaft und den Wunsch nach Wohlstand, Glück und Frieden für alle. Nicht wir müssen eine heile Welt voller strahlender Kinderaugen, Plätzchenduft und harmonischer Feiertage erschaffen.

Einer der Namen des neugeborenen Jesus in der biblischen Weihnachtsgeschichte lautet Immanuel, was auf Deutsch „Gott ist mit uns" bedeutet (Matthäus 1,23). Weihnachten bringt demnach zum Ausdruck, dass Gott bei uns ist und dass er durch Jesus Veränderung und Frieden schaffen wird – gerade da, wo es uns nicht möglich ist oder wo in der Familie die schöne Stimmung abhandengekommen ist.

Ich habe diese Erinnerung gebraucht, damit sich mein Wunsch nach einem gelungenen Weihnachtsfest in der Wirklichkeit meines Alltags erden konnte. Ich glaube immer noch, dass auch wir als Erwachsene etwas von der hoffnungsvollen und besonderen Weihnachtsstimmung brauchen, die der Advent für Kinder mit sich bringt. Aus diesem Grund versuche ich ganz bewusst, die Wochen vor dem Fest für uns als Familie schön zu gestalten. Aber ich möchte auch lernen, dass echtes Weihnachtsglück nicht davon abhängt, wie viele Plätzchen wir gemeinsam gebacken haben oder ob wir zusammen über einen verschneiten Weihnachtsmarkt bummeln konnten. Es kann gerade für uns Mamas eine Entlastung sein, wenn wir wissen, dass das Besondere an Weihnachten nicht von unserer Fähigkeit abhängt, eine gemütliche Adventszeit und eine schöne Familienfeier zu organisieren. Das, was liegen bleibt oder was in unserer Familie aufgrund von äußeren Umständen sowieso nicht möglich ist, dürfen wir Gott überlassen.

Die Botschaft von Weihnachten ist stark genug, dass sie sich auch unter widrigen Umständen (eine schmerzhafte Geburt in einem schmutzigen Stall) und in schwierigen sozialen Verhältnissen (Hirten waren die Unterschicht in der damaligen Zeit) einen Weg zu unseren Herzen bahnt. Wie viel mehr wird es dieser Botschaft dann möglich sein, auch in einem ungeputzten Haus und trotz

Geschwisterstreit vor der Bescherung oder einer nicht perfekt gekleideten Mutter Hoffnung und Freude zu verbreiten.

Eingebettet sein in die Liebe eines Gottes,
der Mensch wurde – das ist die Weihnachtsbotschaft.
Ich will mich von dieser Liebe anstecken lassen.

Weihnachten liegt der Luft

Mutter backte Apfelkuchen,
dampfend heiß roch er nach Zimt.
Hefeteig, Vanilleschoten und Rosinen sind bestimmt
nicht das Wichtigste der Weihnacht,
doch wenn mich die Sehnsucht ruft,
folg ich einfach meiner Nase:
Weihnachten liegt in der Luft.

Vater brachte Tannenzweige,
moosbegrünt und regennass.
Und es roch nach Wald und Wildheit,
Märchen und Geheimnisspaß.
Harz und Nadeln an der Kleindung,
Myrtenzweige, Mistelduft
sagen mir seit meiner Kindheit:
Weihnachten liegt in der Luft.

Dieses Fest für alle Sinne!
Denn der ewig junge Traum
eines guten, heilen Lebens
füllt als Wohlgeruch den Raum.

Wenn es Heiligabend regnet
und kein Wintertraum sich regt,
werf ich Reisig auf ein Feuer,
riech den Rauch, der sich bewegt,
die Kastanien in der Hitze
und das Stockbrot am Kamin.
Lasse mir die Weihnachtsfreude
einfach durch die Nase zieh'n.

Dieses Fest für alle Sinne!
Denn der ewig junge Traum
eines guten, heilen Lebens
füllt als Wohlgeruch den Raum.

Und die Räume meiner Seele
werden hell und warm und weit
von der Weihnachtsatmosphäre
kindlicher Geborgenheit.

Dieses Fest für alle Sinne!
Denn der ewig junge Traum
eines guten, heilen Lebens
füllt als Wohlgeruch den Raum.

Andreas Malessa

Ich liebe Weihnachtstraditionen!

Elisabeth Mittelstädt

Ich erinnere mich noch gut an das große gelbe Haus auf dem Bauerngut, auf dem ich aufgewachsen bin. Mutter gab sich immer viel Mühe, um das Weihnachtsfest zu etwas ganz Besonderem zu machen. Als wir noch klein waren, verteilte sie zum Fest in unserem Wohnzimmer Stroh, auf das wir uns setzen konnten! Dieses stachelige „Sofa" sollte uns Kindern die Atmosphäre des Stalls vermitteln, in dem Jesus geboren wurde. Während Opa die Weihnachtsgeschichte vorlas, fühlten wir uns wie in Bethlehem!

Nachdem ich 1972 in Vancouver, Kanada, geheiratet hatte, schienen „Stroh-Sofas" allerdings weder in unser Leben noch in unsere Wohnung zu passen. Deshalb begann ich, eigene Traditionen einzuführen, wie zum Beispiel Kürbiskuchen backen und Truthahn braten. Ich sehe heute noch meinen ersten Truthahn vor mir: Er wog neun

Kilo! Das sollte für alle meine Gäste reichen! Sogar die Füllung kreierte ich selbst. Diese Tradition habe ich bis heute beibehalten.

Andere – wie die, mehr als fünfzehn verschiedene Plätzchensorten aus aller Welt zu backen und an Freunde zu verschenken – habe ich vor ein paar Jahren aufgegeben.

Kreativität ist charakteristisch für eine schöne Weihnachtsfeier. Ein paarmal verbrachten wir das Fest mit Freunden, die kleine Kinder hatten. Ich erinnere mich noch gut daran, wie eine Freundin einen Geburtstagskuchen für Jesus gebacken und sogar mit Kerzen geschmückt hat. Das war eine echte Geburtstagsfeier, die ich wohl nie vergessen werde!

Sie merken schon: Ich liebe Weihnachtstraditionen! Trotzdem können manche irgendwann ihren Reiz verlieren. Deshalb bemühe ich mich, darauf zu achten, dass alte Bräuche originell bleiben und mit gewissen Momenten der Andersartigkeit überraschen. Gleichzeitig erfinde ich gern neue Traditionen, um Jesus auf immer neue Weise zu ehren.

Jede Familie braucht ihre eigenen Bräuche und Rituale. Und das Tolle an Traditionen ist: Sie können jederzeit eine neue beginnen! Manche Traditionen sind veraltet, andere sind ein bisschen verrückt; aber sie alle helfen uns, Familienfeste in guter Erinnerung zu behalten und Werte zu bewahren.

Deshalb: Genießen Sie dieses Jahr ganz bewusst lieb gewonnene Weihnachtstraditionen. Nutzen Sie den Advent und den Heiligabend in vollen Zügen für Ihre Familie. Und vielleicht fällt Ihnen sogar eine neue Tradition ein, die Sie einführen möchten?!

Weihnachten – es war immer mein schönstes Fest.

Theodor Storm

Zu Hause im Advent

Eva Ufer

Lange liegen die Weihnachtsfeste meiner Kindheit in Ostpreußen zurück. Ich versuche, mich in jene Jahre zurückzuträumen …

Weihnachten. Für uns Kinder begann eine schöne Zeit. Es war alles viel leiser als heute und trotzdem fröhlich. Die Zeit der großen Vorbereitungen begann, jeder von uns hatte seine kleinen Heimlichkeiten. Besonders Mutter bekam nun alle Hände voll zu tun. Schließlich war die Speisekammer gefüllt, und im Schornstein, in der Räucherkammer, hingen Schinken und Würste: Ergebnis vom großen Schlachtfest. Für uns war das allerdings kein richtiges „Fest", trauerten wir doch unseren Tieren ein bisschen nach. Aber wiederum freuten wir uns auch auf Wurst, Schinken und die anderen guten Sachen.

Am schönsten war es jedoch, wenn Mutter gleich zu Beginn der Adventszeit Pfefferkuchen und Pfeffernüsse buk, wobei wir Kinder tüchtig mithalfen. Ein Teil des braunen, aromatisch duftenden Teiges wurde auf Blechen gebacken und noch warm in Stücke geschnitten, der andere Teil zu Plätzchen verarbeitet und mit Guss verziert. Vater tauchte gern mal in der Küche auf, um „nach dem Rechten" zu sehen, und verschwand dann schnell mit einer Kostprobe. Nach dem völligen Erkalten kamen Plätzchen und Pfefferkuchen in Blechdosen, die Mutter hoch oben auf dem Kleiderschrank verstaute. Einmal staunte sie nicht schlecht, als sie nach dem Gebäck sehen wollte: Die Dosen waren beim Anheben so leicht und – oh Schreck – fast leer! Wer war denn nur der Übeltäter? Da kam Vater lächelnd dazu mit den verlegenen Worten: „Es hat doch immer nach mehr geschmeckt." Was blieb Mutter anderes übrig; sie rührte nochmals Teig an, und eine zweite Ladung Pfefferkuchen wanderte in den Ofen …

Wenn am Abend alles „beschickt", das heißt, das Vieh im Stall versorgt und abgefüttert war, gab es für uns eine „Uhleflucht". Weil die Tage sehr kurz waren und wir ja auch kein elektrisches Licht hatten, brach für uns, wenn die Arbeit es zuließ, eine gemütliche Dämmerstunde an. Wir liebten sie sehr, denn da saßen wir alle sechs rund um den Kachelofen. Vater spielte Mundharmonika, und wir sangen Weihnachtslieder.

Am Vorabend des 24. Dezembers – dieses lange herbeigesehnten Tages – ging Vater endlich unseren Tannenbaum holen. Er duftete nach Wald und Harz, und nun wurde uns erst richtig weihnachtlich zumute. Seelig träumten wir uns in den Heiligen Abend hinein. Am nächsten Tag musste Vater beim Weihnachtsbaum manchmal noch Äste „versetzen", denn nicht immer hatte er den schönsten erwischt. Aber wie festlich sah das Bäumchen dann nach dem Schmücken aus! Mit Kugeln, Lametta und bunten Vögelchen strahlte es so viel Pracht aus, dass wir den Abend kaum erwarten konnten. Vorher wurde noch ganz besonders reichlich und lecker „beschickt", denn auch die Tiere sollten ihre Weihnacht haben.

Mit Einbruch der Dunkelheit senkte sich Stille und Frieden über das Land. Alles war dick verschneit. Ich wüsste nicht, dass wir zu Weihnachten jemals ohne Schnee gewesen wären. Unsere Nachbarn, die an diesem Abend bei uns zu Gast waren, hatten eine Laterne angezündet und stapften im tiefen Schnee über das Feld. Wie ein kleines Glühwürmchen sah die Laterne von Weitem aus. Im warmen Zimmer, bei Tee, Grog, frischem Brot, Butter, Wurst und Schinken aus der Räucherkammer, begann für uns der Heilige Abend …

Ich nehme Theodor Storms Verse zur Hand, die mich in vergangene Zeiten führen:

Ein frommer Zauber hält mich wieder,
Anbetend, staunend muss ich stehn.
Es sinkt auf meine Augenlieder
Ein goldner Kindertraum hernieder,
Ich fühl's, ein Wunder ist geschehn.

Die Kerzen am Weihnachtsbaum sind angezündet, Vater stimmt „O Tannenbaum" an, und alle singen mit. Der Schein der Kerzen spiegelt sich in den dick zugefrorenen Fensterscheiben wider. Drin ist es richtig anheimelnd, und der gute, alte Kachelofen strahlt verschwenderisch seine wohlige Wärme aus. Am gemütlichsten ist es auf der breiten Ofenbank.

Nun sind wir Kinder an der Reihe. Jeder sagt sein Gedicht auf, das er vorher eifrig gelernt hat, denn stecken bleiben – diese Blamage war einfach undenkbar. Auf dem Tisch stehen nun endlich unsere „bunten Teller". Ich weiß heute noch genau, was alles darauf lag: selbst gebackene Pfeffernüsse, Hasel-, Wal- und Paranüsse, eine Apfelsine, ein schöner, rotbäckiger Apfel, ein großes Marzipanherz, eine Tafel Schokolade und verschiedene Zuckerfiguren. Für uns ein wahrer Reichtum! Dann fanden wir unsere „Wuschkis" (Stoffpantoffeln) und „Klumpkes" (Holzschuhe), die Mutter und Vater vor Weihnachten für jeden bis spät in die Nacht hinein genäht, gesägt und genagelt hatten. Die Jungen bekamen außerdem Pullover und Hosen. Für uns Mädchen hatte Mutter mit der Hand (!) wunderschöne, weinrote Waschsamtkleider genäht. Heute kann man sich kaum vorstellen, wie viele Stunden und wie viel Geduld dazu nötig waren.

Nach der Bescherung hatten sich Vater und unser Nachbar einen Rum genehmigt, und nun ging das Singen noch viel besser! Wir hielten unsere bunten Teller auf dem Schoß und stimmten alle Weihnachtslieder, die wir kannten, an. Für mich war und ist „Stille Nacht" das schönste Weihnachtslied.

Beim Singen und Erzählen brannte eine Kerze nach der anderen nieder. Zu später Stunde verabschiedeten wir schließlich unsere Nachbarn. Draußen schauten wir in den sternenklaren Himmel, der Schnee glitzerte, und alles war friedlich und still. Augenblicke, die man nicht beschreiben kann; die mich auch heute, nach so vielen Jahren, noch bewegen. Wo ist nur diese friedvolle und stille Welt heute zu finden?

Heimat – wo ich zu Hause bin

Britta Laubvogel

„Was verbinden Sie mit dem Begriff Heimat?" Die Murmelgruppe ist eröffnet, vierzig Frauen stecken ihre Köpfe zusammen, erinnern sich und tauschen sich aus. Dann tragen wir zusammen: „Heimat ist der Klang der Glocke unserer Dorfkirche." „Heimat duftet nach frisch gemähtem Heu." „Heimat sind rote Backsteinfassaden."

Nur wenige Begriffe lösen so viele Geschichten, Erinnerungen und Sehnsüchte aus wie das Wort Heimat. Doch was meinen wir mit diesem Begriff überhaupt? Meint Heimat unsere Herkunft, also den Ort, an dem wir unsere Kindheit verbracht haben? Oder ist Heimat eher an ein Gefühl geknüpft, das wir in Beziehungen zu anderen Menschen erleben?

Den Begriff Heimat verbinden wir vielleicht deswegen zuerst mit den Orten unserer Kindheit, weil wir dort alles zum ersten Mal erlebt haben: Dieser Ort war unsere erste kleine Welt, in die wir hineingestolpert sind. Dort machten wir unsere ersten Schritte und haben später stolz unsere Schultüte getragen. Wenn unsere ersten Erfahrungen in dieser Welt positiv waren und wir uns geborgen fühlten, verbinden wir oft einen bestimmten Geschmack, einen Geruch oder einen Klang mit dieser Zeit. Viele von uns haben an diese Ursprungsheimat allerdings nicht nur gute Erinnerungen. Da gab es auch Schmerzliches und Schweres. Es war eben nicht immer schön. Auch in unserer Kindheit und Jugend gab es Kummer, vielleicht Einsamkeit. Diese Erinnerungen tauchen ebenfalls auf. Die Verbindung zur Ursprungsheimat zu knüpfen ist deshalb auch eine Einladung zur Erinnerungsarbeit. Diese kann schmerzlich, aber auch heilsam sein.

Es gibt nicht nur die Ursprungsheimat, sondern auch die Bindungsheimat. Dieser Begriff kommt aus der Bindungstheorie und beleuchtet den zwischenmenschlichen Aspekt von Heimat. Menschen, die in den ersten Lebensjahren eine verlässliche Bindung aufbauen konnten, entwickeln Vertrauen ins Leben. Sie fühlen sich geborgen und sicher. Das sind Gefühle, die Heimat stiften. Mit wem fühle ich mich verbunden? Zu wem kann ich gehen, wenn mich Sorgen belasten? Wie wohltuend ist es, wenn ich mich einem Menschen anvertrauen und bei ihm mein Herz ausschütten kann! Wie gut, wenn ein Mensch ein offenes Ohr für mich hat, mir die Hand auf die Schulter legt und mich ermutigt! Mit solchen Begegnungen können wir uns gegenseitig ein Gefühl von Heimat schenken.

Manchmal fühle ich mich vollkommen wohl in meiner Haut. Es gibt Momente, in denen ich ganz in meinem Element bin. Mir geht es zum Beispiel so, wenn ich an der Ostsee bin – nah am Wasser, umgeben von Wind und in den offenen Himmel blickend. Hier ist der Ort meiner Inspiration, meiner Lebensfreude. Hier kann ich alles andere vergessen. Hier habe ich das Gefühl, ganz ich selbst zu sein. Für andere Menschen ist das etwas völlig anderes: der Wald, die Berge, Malerei, ein Buch, Musik …

Bei mir zu Hause sein bedeutet für mich: ganz im Hier und Jetzt zu leben, den Augenblick mit allen Sinnen wahrzunehmen. Es ist eine großartige Erfahrung, dass ich gerade in diesen Momenten, in denen ich ganz bei mir bin, gleichzeitig durchlässiger werde für Gottes Gegenwart. Für mich ist es ein Geheimnis, dass ich die Nähe Gottes tiefer spüre, wenn ich mich selbst mehr spüre. Dieses Ruhen in Gott und in mir empfinde ich als großes Glück.

In den Psalmen heißt es: „Herr, bei dir suche ich Zuflucht; enttäusche nicht mein Vertrauen! Rette mich, befreie mich, wie du es versprochen hast! Hör mich doch, hilf mir! Sei mir ein sicheres Zuhause, wohin ich jederzeit kommen kann! Du hast doch zugesagt, mir zu helfen; du bist mein Fels und meine Burg!" (Psalm 71,1–3). Das sind starke Bilder: Gott als mein Fels, meine Burg, mein sicheres Zuhause. Was für ein Zuspruch, welche Ermutigung und Gnade!

Bei Gott beheimatet zu sein bedeutet, einen Zufluchtsort zu haben – und das schon im Hier und Jetzt.

Mein Glaube schenkt mir Heimat. Er schenkt mir Geborgenheit. Meinen Dank, meine Klage – alles bringe ich vor Gott. Mit anderen Gläubigen teile ich meine Freude und meine Dankbarkeit, wenn wir zusammen Gottesdienst feiern. Segen und Abendmahl empfange ich als Zeichen der Stärkung. Meine Sehnsucht, mein Schmerz und meine Hoffnung bekommen ein Dach, bekommen ein Zuhause. Gott schenkt mir diesen Zufluchtsort. Das ist Heimat.

Ich bin das Licht der Welt

Ich bin das Licht der Welt.
Ohne Licht gibt es kein Leben.
Alles verkümmert. Alles verwelkt. Alles vergeht.

Ich scheine in die Welt mit der Liebe des Vaters.
Ich scheine in die finstersten Winkel der Erde,
in Gefängniszellen und Folterkammern,
in Flüchtlingscamps und Vernichtungslager.

Ich scheine, auch wenn Menschen
die Fensterläden noch so fest verschließen.
Ich scheine in die finstersten Winkel eurer Seele,
in eure Ängste und Sorgen und Sünden.
Ich scheine, auch wenn ihr euch
in noch so dunkle Winkel verkriecht.

Macht die Fenster der Welt weit auf!
Und die Fenster eurer Seele.
Damit es hell wird. Und lebendig.
Und hoffnungsvoll.
Damit die Welt aufblüht.
Und euer Leben.

Jürgen Werth

Der wundersame Weihnachtsfrieden

Thomas Joussen

Der 24. Dezember 1914 war ein klarer Tag – im ausgehenden ersten Jahr des Ersten Weltkrieges. Der ständige Regen hatte aufgehört, vereinzelt waren noch Schüsse zu hören, an den meisten Stellen des Frontabschnittes jedoch war Stille eingekehrt.

Und irgendwann, als gar nicht mehr geschossen wurde, brach der Bann: Soldaten unterschiedlicher Nationen, zumeist Deutsche und Engländer, gingen im Wortsinn aufeinander zu und trafen sich im Niemandsland zwischen den Frontlinien. Zuerst vorsichtig und mit spürbarer Anspannung begannen sie vorsichtig, miteinander zu sprechen: zumeist auf Englisch, was viele der deutschen Soldaten konnten, weil der deutsche Kaiser immer eine Nähe zu England propagiert hatte. Aber vor allem friedlich.

Einfache Soldaten, aber auch Offiziere waren dabei. Einige der Vorgesetzten befahlen den ihnen unterstehenden

Soldaten sogar, während des Weihnachtsfestes nicht auf den „Feind" zu schießen.

Dann kamen ein paar Soldaten auf die Idee, Tannenbäume zu schlagen und diese mit Kerzen zu schmücken. Das hat man dann gemeinsam getan; vereinzelt wurden Pakete geöffnet, die die Lieben den Männern an die Front gesandt hatten. Tagebuchaufzeichnungen dieser Tage belegen diese Ereignisse und drücken mit den Worten „unvorstellbar" und „unglaublich wunderbar" aus, wie besonders das auch für alle Beteiligten war, diesen Weihnachtsfrieden mitzuerleben. Statt Waffen sprechen zu lassen, redete man jetzt von Mensch zu Mensch miteinander.

Am Morgen danach, am ersten Weihnachtstag 1914, haben dann die Briten eine friedliche Kugel ins andere Lager geschossen – einen Fußball. Gemeinsam mit den deutschen Gegnern hat man gekickt, gelacht und die Schrecken des Krieges für ein paar Stunden vergessen. Weihnachtsfrieden mitten im Krieg, feiern mit denen, die gestern noch Feinde waren – ein paar Tage später war dann alles wieder vergessen, Feinde wieder Feinde, und nie mehr sollte ein solches Ereignis stattfinden; bis zum heutigen Tag nicht. Trotzdem zeigt dieser Friede welche Kraft von Weihnachten, welche Macht vom einfachen Gespräch zwischen Menschen und welcher Friede vom Kind in der Krippe ausgehen kann.

Timmys Weihnachtswunder

Howard Hendricks

Vor einigen Jahren kannten wir ein sehr nettes Paar in Dallas. Er verkaufte eines Tages sein Geschäft mit Verlust, begann einen vollzeitlichen Dienst, und es brachen harte Zeiten für sie an. Sie hatten vier Kinder und eines Abends, als die Familie eine gemeinsame Anbetungszeit hatte, sagte Timmy, der jüngste Sohn: „Papa, meinst du, Jesus hat was dagegen, wenn ich ihn um ein Hemd bitte?"

„Nein, natürlich nicht. Lass deine Mutter das gleich mal in unser Gebetsbuch schreiben."

Also schrieb sie auf: „Hemd für Timmy", und sie fügte hinzu: „Größe sieben."

Man kann sich denken, dass Timmy von nun an jeden Abend darauf achtete, dass für das Hemd gebetet wurde. An einem Samstag erhielt die Mutter einen Anruf von einem gläubigen Geschäftsmann, einem Textilienhändler aus dem Stadtzentrum. „Wir sind gerade mit dem Schlussverkauf fertig, und da ist mir eingefallen, dass Sie vielleicht für Ihre vier Jungs etwas von unseren Resten gebrauchen könnten. Hätten Sie Verwendung für Kinderhemden?"

Sie fragte: „Welche Größe?"

„Größe sieben."

„Wie viele haben Sie denn?", fragte sie zögernd.

Er sagte: „Zwölf."

Viele von uns hätten die Hemden genommen, sie in eine Schublade gestopft und beiläufig den Kindern davon erzählt. Aber nicht diese weisen Eltern.

Auch an diesem Abend sagte Timmy wie immer: „Nicht vergessen, Mama, lass uns für das Hemd beten."

Und die Mutter sagte: „Wir müssen nicht für das Hemd beten, Timmy."

„Warum?"

„Gott hat unsere Gebete schon erhört."

„Wirklich?"

„Ja." Und wie vorher abgemacht, ging Bruder Tommy aus dem Zimmer, holte ein Hemd, kam wieder herein und legte es auf den Tisch. Der kleine Timmy bekam vor Staunen den Mund nicht mehr zu. Tommy ging wieder raus, holte noch ein Hemd und kam wieder herein. Rein, raus, rein, raus, bis alle zwölf Hemden auf dem Tisch gestapelt waren und Timmy glaubte, Gott habe ein Hemdengeschäft eröffnet.

Und so gibt es heute in Dallas einen Jungen namens Timothy, der daran glaubt, dass es einen Gott im Himmel gibt, der sich so sehr für unsere Nöte interessiert, dass er sogar kleine Jungen mit Hemden versorgt.

Das schönste Erlebnis ist die Begegnung
mit dem Geheimnisvollen.
Albert Einstein

Das Wunderbare an Wundern ist,
dass sie sich weder herbeiwünschen
noch wiederholen lassen.
Sie geschehen an den seltsamsten Orten,
in den unwahrscheinlichsten Augenblicken
und lassen jene,
die am wenigsten damit gerechnet haben,
wundersam verändert zurück.

Thomas Franke

Das Geschenk

George Parler

Endlich durften wir unsere Weihnachtsgeschenke auspacken.

Bald war der Boden des Wohnzimmers bedeckt mit aufgerissenem Geschenkpapier, das vom Angriff eifriger Kinderhände erzählte. Endlich durften die verborgenen Schätze, die sie schon beinahe einen ganzen Monat lang bis in ihre Träume verfolgt hatten, ans Tageslicht. Und nun saßen wir Erwachsenen mit unseren eigenen Geschenken da, wickelten betont vorsichtig das Papier ab und hielten das Kind in uns sorgfältig davon ab, vor den anderen zu viel Begeisterung zu zeigen.

Meine Frau Brenda und ihre Familie machen sich zu Weihnachten gern Scherzgeschenke. Man weiß nie, welche Peinlichkeit einen unter der dünnen Schutzhülle des Geschenkpapiers erwartet, und das macht mich immer ein bisschen nervös.

Meine kleine Tochter Christy, damals sechs Jahre alt, stand direkt vor mir, und ihr kleines Gesicht leuchtete vor Aufregung. Sie konnte sich kaum noch zurückhalten und hätte mir am liebsten geholfen, das Geschenkpapier von meinen Päckchen abzureißen. Endlich kam ich zu dem letzten Geschenk. Mit meiner detektivischen Begabung schlussfolgerte ich, dass dies wohl das übliche Scherzgeschenk sein musste. Es war nämlich nie eine Frage des „Ob", sondern nur des „Wann". Alle starrten mich an, und so beschloss ich, es schnell hinter mich zu bringen, dann konnten sie alle lachen und es konnte weitergehen. Also riss ich das Papier ab. Und vor mir lag ein Spielzeugflugzeug, wenige Zentimeter lang. Alle begannen bereits zu kichern, und ich sah meine Frau an. „Na toll, ein Spielzeugflugzeug – was soll ich denn damit?"

Brenda warf mir diesen Blick zu – den Blick, der mir immer sagen will, dass ich gerade etwas sehr, sehr Dummes getan habe. Ich hatte es versäumt, erst auf das Schildchen an dem Geschenk zu schauen, um zu sehen, von wem es war. Als ich das Papier aufhob und nachsah, sank mir das Herz in die Hose. Auf dem Schildchen stand in krakeliger Schrift: „Für Papa, in Liebe von Christy." So schrecklich wie in diesem Moment hatte ich mich noch nie im Leben gefühlt. Es war eine der qualvollsten Erfahrungen, die ich je machen musste, in ihr kleines Gesicht hinunterzuschauen und zu sehen, wie die ganze Freude einem Ausdruck totaler Enttäuschung und Demütigung gewichen war. Ihr angstvoller Blick sagte mir, dass sie nur noch hoffte, niemand würde merken, dass das Geschenk, das ihr Vater so überflüssig fand, von ihr stammte.

Das liebe Kind hatte sein Erspartes genommen, und statt es für sich selbst auszugeben, hatte sie ihrem Papa ein Weihnachtsgeschenk gekauft. Und es war auch nicht nur irgendein Geschenk. Sie hatte mich dabei beobachtet, wie ich am Computer mit einem Flugsimulator spielte und wusste, dass Flugzeuge mich faszinieren.

Schnell kniete ich mich vor sie, nahm sie in die Arme und drückte sie so fest an mich, wie ich konnte. Ich hätte alles getan, um diese Worte zurückzunehmen. Doch meine halbherzigen Erklärungsversuche konnten den Schmerz in ihrem kleinen Herzen nicht wegzaubern. Ich musste einen Weg finden, um zu beweisen, was ich sagte.

Und das machte ich. Ich nahm das kleine Flugzeug und begann, Fluggeräusche zu machen. Ich ließ es auf der Startbahn anrollen (die Küchentheke), brachte es richtig in Schwung und bald hob es ab. Mein Ziel war es, den Schmerz aus dem Gesicht meiner Kleinen auszulöschen, den ich verursacht hatte, und so lange weiterzumachen, bis sie wieder lächelte. Ich spielte den ganzen Tag mit dem Flugzeug und legte mich dabei so ins Zeug, dass die anderen Kinder bald ihre neuen Spielsachen beiseitelegten und auch einmal mit meinem kleinen Flugzeug spielen wollten. Und wie ein egoistisches kleines Kind sagte ich dann: „Nein, das ist meins!"

Es dauerte nicht sehr lange, bis Christys Gesicht sich wieder aufhellte. Doch das war mir nicht genug. Das kleine

Flugzeug wurde ein kostbarer Schatz für mich, und das ist es immer noch, denn ich habe es bis heute. Ich behalte es vor allem deshalb, weil es voller Liebe von meinem kleinen Mädchen kam. Doch außerdem dient es mir als Gedächtnisstütze, damit ich nie vergesse, wie viel Macht Worte haben.

Ermunterung zur Kindesliebe

Welch Geheimnis ist ein Kind?
Gott ist auch ein Kind gewesen;
Weil wir Gottes Kinder sind,
Kam ein Kind, uns zu erlösen.
Welch Geheimnis ist ein Kind?
Wer dies einmal je empfunden,
Ist den Kindern durch das Jesuskind verbunden.

Welche Würde trägt ein Kind!
Sprach das Wort doch selbst die Worte:
„Die nicht wie die Kinder sind,
Gehn nicht ein zur Himmelspforte."
Welche Würde trägt ein Kind!
Wer dies einmal je empfunden,
Ist den Kindern durch das Jesuskind verbunden.

In der Krippe lag ein Kind!
Ochs und Esel es verehren.
Wo ich je ein Kindlein find',
Will ich's pflegen, lieben, lehren.
In der Krippe lag ein Kind!
Wer dies einmal je empfunden,
Ist den Kindern durch das Jesuskind verbunden.

Werden muss ich wie ein Kind,
Wenn ich will zum Vater kommen;
Kinder, Kinder! Kommt geschwind,
Ich will gern sein mitgenommen.
Ich muss werden wie ein Kind!
Wer dies einmal je empfunden,
Ist den Kindern durch das Jesuskind verbunden.

Clemens Brentano

Licht an!

Irene Röttger

Ich fahre fünfzehn Kilometer über Land. Kaum bin ich fünf Minuten unterwegs, kommt mir ein Auto mit Lichthupe entgegen. Hat mich jemand erkannt und gegrüßt? Oder warnt mich da jemand vor einer Radarfalle? Ich drossele mein Tempo. Vorsichtshalber. Mehrere Autos kommen mir entgegen und dann wieder eins mit Lichthupe. Als ich erneut in Richtung Tacho schaue, fällt es mir endlich auf: Ich fahre die ganze Zeit ohne Licht!

Ich habe meiner automatischen Lichtfunktion vertraut, die zwar bei Regen sofort reagiert, aber scheinbar nicht bei diesem dichten Nebel. Licht an. Plötzlich fällt mir auf, dass ich nicht die Einzige bin, die im Nebel fast unsichtbar unterwegs war. Nun bin ich diejenige, die andere Fahrer mit Lichthupe erinnert: Licht an!

Kann es sein, dass ich im Alltag des Öfteren unterwegs bin, dabei aber völlig unsichtbar für meine Umgebung bin, nur weil ich vergessen habe, mein Licht leuchten zu lassen? Weil ich mich vielleicht nicht traue, mich zu zeigen mit dem, was ich kann und weiß? Wie gut wäre es dann, wenn mir jemand ermutigend zuriefe:

Licht an!
Hab keine Angst, zu leuchten.
Hab keine Angst davor, kraftvoll zu sein.
Frag nicht nach, ob du es wert bist, dich großartig, brillant, talentiert zu nennen.
Denn du bist es!
Du bist dazu bestimmt, zu leuchten.
Das gilt nicht nur für einige wenige.
Es gilt für alle. Auch für dich!
Halte dich nicht klein und unscheinbar.

Dein Licht darf ans Licht kommen.
Dein Licht darf Licht verbreiten.
Indem du ein Wort verschenkst. Eine Geste.
Eine Aufmunterung. Eine Begrüßung. Eine Ermutigung.
Zuwendung zur rechten Zeit.
Deine Liebe.

Dein Licht darf leuchten.
Du darfst ein Licht sein für andere auf dem Weg durch die Zeit. Durch die Finsternis.
Ein Licht, das durch den Nebel der Unsicherheit, der Orientierungslosigkeit dringt.

Werde du licht. Fang an zu leuchten!
Doch noch vor jedem Tun erinnere dich zuerst des Lichtes, das für dich in diese Welt gekommen ist.
Halte dich zuerst fest an deiner Hoffnung, deinem Licht.
Hab Anteil an Jesus, dem Licht der Welt.
An dem, der Ursprung aller Güte, Verständnis, Liebe und Zuwendung ist.

Und dann: Licht an!
Mache dich auf und werde licht!

„Niemand versteckt ein Licht unter einem umgestülpten Gefäß. Er stellt es vielmehr auf einen Lampenständer und lässt es für alle leuchten. Genauso lasst eure guten Taten leuchten vor den Menschen, damit alle sie sehen können und euren Vater im Himmel dafür rühmen" (Matthäus 5,15–16).

„Steh auf und leuchte! Denn dein Licht ist gekommen und die Herrlichkeit des Herrn erstrahlt über dir" (Jesaja 60,1).

Geben ist seliger als nehmen

Sefora Nelson

„Deine Tasche ist so schön", sagte eine Mitstudentin. „Darf ich sie mal halten?" Ja, sie war wirklich schön, meine rote Tasche aus edlem Filz. Sie war ein Abschiedsgeschenk von einer Firma in Frankreich gewesen, bei der ich gearbeitet hatte.

„Natürlich", entgegnete ich stolz und legte meine Tasche vorsichtig auf ihren Schoß. Es war, als wäre sie in diesem Moment in ihrem Wert gestiegen. Sie ließ ihre Finger fast ehrfurchtsvoll über den weichen Stoff gleiten und drückte sie noch einmal fest an sich. Wahrscheinlich stellte sie sich vor, wie es sein müsste, wenn die Tasche ihr gehören würde, und ihre Augen glänzten, als sie sich bedankte und sie mir sehnsuchtsvoll zurückgab.

Wir gingen unseres Weges und würden uns erst zum Mittagessen wieder auf dem Campus sehen. Meine Beziehung zur roten Tasche hatte sich geändert; es war mir fast, als hinge ein wahres Luxusobjekt über meiner Schulter. Aber auch in meinem Herzen begann sich etwas zu verändern. Ein Gedanke blitzte auf, wurde aber sofort wieder weggeschickt: *Was glaubst du, wie sie sich freuen würde, wenn du ihr die Tasche schenken würdest?*

Niemals!, dachte eine andere Stimme in mir. Sie gehört mir, sie ist ein Geschenk, es gibt überhaupt keinen Grund, ihr diese Tasche zu schenken, nur weil sie sie schön findet.

Ich spürte, wie ich innerlich hart wurde.

Da kam der erste Gedanke zurück: *Warum nicht, schenke sie ihr doch. Was glaubst du, wie sie sich freuen würde? Eben weil es keinen Grund gibt und auch du die Tasche liebst, wird ihr das umso mehr bedeuten.*

Als ich mir vorstellte, ihr die Tasche zu übergeben, wurde mein Herz ganz warm, ganz weich. Auf einmal brannte es, und ich fasste den verrückten Entschluss, ihr die Tasche zu schenken. Beim Mittagessen sah ich sie wieder und lief zu ihr hin. „Ich möchte dir die Tasche schenken, sie gehört dir!"

Ich werde ihren Blick nicht vergessen, sie konnte es einfach nicht fassen. Bevor sie sich wehren konnte und ich meine Meinung gar ändern würde, leerte ich den kompletten Inhalt aus und überreichte die rote Tasche ihrer neuen Besitzerin. Mit meinem Tascheninhalt in beiden Händen ging ich zurück in mein Zimmer im Studentenheim und war so glücklich. Es war, als wäre mein ganzes Zimmer erfüllt von Liebe, und mir liefen die Tränen über die

Wangen. Ja, ich war großzügig gewesen, aber in Wirklichkeit war ich die Beschenkte.

Geben ist glückseliger als Nehmen!
Apostelgeschichte 20,35

Unterhaltung im Himmel

Thomas Franke

Vor ungefähr zweitausend Jahren geschah es, dass der Erzengel Gabriel, der einen kurzen Besuch auf der Erde gemacht hatte, zurück in den Himmel flog. Es musste etwas Besonderes geschehen sein, denn er leuchtete so hell und war so voller Freude, dass ihm alle anderen Engel verblüfft hinterherblickten.

„Weißt du, was mit ihm los ist?", fragte der Engel Skeptimus seinen Kollegen Ephrael.

„Nö, ich hab keinen Schimmer", erwiderte dieser und kratzte sich nachdenklich die goldenen Locken. Er war zuständig für die Hirten in der Umgebung von Bethlehem und hatte sich den etwas ruppigen Umgangston dieser Männer angewöhnt.

Skeptimus wollte gerade etwas erwidern, als er seinen Namen vernahm.

„Skeptimus, Ephrael!"

Der Erzengel Gabriel persönlich rief sie zu sich. „Kommt, wir haben etwas Wichtiges zu besprechen!"

„Oha", murmelte Skeptimus. „Geht's nur mir so, dass das in meinen Ohren irgendwie gar nicht gut klingt?"

„Geht nur dir so", brummte Ephrael abgeklärt.

Gabriel führte die beiden in einen Besprechungsraum. „Ich habe euch etwas sehr Wichtiges mitzuteilen." Er deutete auf zwei himmlische Sessel. „Setzt euch lieber."

Skeptimus schluckte.

„Ich war eben bei einem jungen Mädchen in Nazareth", begann der Erzengel.

Nicht mein Zuständigkeitsbereich, dachte Skeptimus erleichtert und nahm einen Schluck von den bereitgestellten Fruchtsäften.

„... und ich sagte ihr, dass sie allen Grund habe, sich zu freuen und zu jubeln, denn sie würde schwanger werden und den Sohn des Höchsten zur Welt bringen ..."

Skeptimus prustete den Fruchtsaft quer über den Tisch und bekam den krassesten Hustenanfall seit dem Sündenfall.

„Du hast WAS?", presste er schließlich mit dunkelrot leuchtendem Kopf hervor.

„Ich habe ihr verkündet, dass sie Gottes Sohn zur Welt bringen wird", wiederholte Gabriel freundlich.

„Aber ... aber ...", stammelte Skeptimus. „Soll das ein Scherz sein?"

Gabriel lachte. „Keineswegs. Was glaubst du, wer mir den Auftrag gegeben hat?"

„Bist du dir ganz sicher, dass du ihn richtig verstanden hast?", hakte Ephrael nach.

„Absolut." Die Augen des Erzengels strahlten.

„Hammer!", entfuhr es Ephrael.

Skeptimus starrte seinen Kollegen an. „HAMMER?", kreischte er. „Das ist alles, was dir dazu einfällt? Hast du nicht richtig zugehört? Der Höchste will seinen Sohn zu einem kleinen, rosafarbenen, plärrenden und pupsenden Würmchen machen! Das ist nicht Hammer, das ist völlig … verrückt!" Als Skeptimus auffiel, was er gerade gesagt hatte, korrigierte er hastig: „Äh … wollte sagen … es scheint mir möglicherweise etwas äh … unüberlegt."

„Quatsch." Ephrael grinste. „Der Höchste tut nichts Unüberlegtes!"

„Vielleicht hat er ja nach langem Überlegen beschlossen, ab jetzt unüberlegt zu handeln", bemerkte Skeptimus mit düsterer Stimme. „Der Sohn des Höchsten, das ewige Wort wird ein Mensch!" Er schüttelte den Kopf. „Das ist eine Katastrophe! Das ist ja so, als würde ein Erzengel beschließen, ein Wattwurm zu werden! Ach, was rede ich, es ist noch viel schlimmer!" Er blickte zu Gabriel hinüber, der den Ausbruch seines Untergebenen mit entspannter Miene beobachtete. „Verzeihung, das äh … war nicht persönlich gemeint."

„Ich bin dir nicht böse, Skeptimus", erwiderte Gabriel lächelnd. „Du hast ja vollkommen recht."

Skeptimus starrte den Erzengel an. Wie konnte der nur so entspannt sein? Seine Augen schienen regelrecht zu leuchten. Wusste Gabriel etwas, das er nicht wusste? Der Engel grübelte, dann hellte sich sein Gesicht plötzlich auf. Er war so erleichtert, dass er beinahe gelacht hätte. „Ja, jetzt verstehe ich – es ist nur ein Bild, ein Gleichnis sozusagen. Dieses Menschenmädchen geht gewissermaßen mit dem Worte Gottes schwanger. Sie wurde auserwählt, die Botschaft unseres Herrn in die Welt hinauszutragen und ..."

„Nein, Skeptimus", unterbrach ihn der Erzengel. „Der Sohn des Höchsten wird Mensch."

„Aber jetzt nicht so richtig Mensch, oder?", stieß Skeptimus hastig hervor. „Er wird lediglich eine menschliche Erscheinung annehmen, so wie wir das zuweilen auch machen, wenn wir eine Botschaft ..."

Der Erzengel schüttelte langsam den Kopf.

Skeptimus schluckte.

„Echt krass", kommentierte Ephrael.

„Aber das können wir doch nicht einfach so hinnehmen!", protestierte Skeptimus. „Vielleicht sollten wir mit dem Höchsten noch mal reden?"

„Noch vor Erschaffung der Welt wusste er, dass es eines Tages so kommen würde", erwiderte Gabriel sanft. „Glaubst du wirklich, dass du ihm das ausreden kannst?"

„Aber Menschen können das Licht des Höchsten, von dem wir leben, nicht wahrnehmen! Für Gottes Sohn wird es so sein, als würde er in ein tiefes, dunkles Erdloch gestopft."

„Ja", der Erzengel nickte bedächtig.

„Wenn Menschen geboren werden, dann können sie nichts!", rief Skeptimus verzweifelt.

„Doch", brummte Ephrael, „sie können Liebe empfangen."

„Aber der Sohn Gottes wird anfangs nicht mal reden oder irgendeinen klaren Gedanken denken können", fuhr Skeptimus empört fort.

„So ist es", bestätigte Gabriel.

„Menschen sind so zerbrechlich. Sie werden müde und brauchen Schlaf. Sie empfinden Schmerzen, Zweifel und Einsamkeit. Immer wieder erleiden sie Verluste, erleben Missverständnisse, Gemeinheiten und Verrat. Das will der Sohn des Höchsten sich doch nicht wirklich antun?"

„Schon vom Beginn der Zeit an hat er beschlossen, genau das zu tun", erwiderte Gabriel.

„Aber ... warum?", stammelte Skeptimus.

„Nicht dein Ernst", mischte sich Ephraim ein. „So lange lebst du schon in seinem Licht, und dir ist noch immer nicht klar, warum er die Dinge tut, die er tut?"

„Aus ... Liebe?", stammelte Skeptimus.

„Was'n sonst", brummte Ephraim.

„Ja, aber glaubt er denn, dass die Menschen das verstehen werden? Die haben es doch bisher auch nicht kapiert und aus seinen guten Geboten eine schwere Last gemacht. In ihrer Blindheit und Arroganz werden sie ihn gar nicht erkennen. Er sieht doch aus wie einer von ihnen."

„Er wird nicht nur aussehen wie sie", sagte Gabriel ernst. „Er wird einer von ihnen sein."

Skeptimus spürte, wie sein Widerstand zerbrach. „Es hat alles keinen Zweck, Gott wird die Sache wohl tatsächlich durchziehen, oder?"

Gabriel nickte und seine Augen leuchteten.

Skeptimus wurde ganz eng ums Herz. *Das wird böse enden*, ging es ihm durch den Kopf. *Eines Tages werden die ihn noch umbringen!* Ein Schauer lief ihm über die Flügel. Und er verdrängte den Gedanken schnell wieder. *So weit wird der Höchste es nicht kommen lassen*, beruhigte er sich selbst.

„Okay", sagte Ephrael, „nachdem der Kollege nun endlich geschnallt hat, was Sache ist, kannst du uns jetzt erklären, warum du uns zu dir gerufen hast."

Gabriel lächelte: „Ihr dürft den Menschen dabei helfen zu verstehen, was für ein ungeheures Wunder geschieht, wenn der Sohn Gottes in die Welt kommt."

Na, immerhin etwas, dachte Skeptimus. „Gut, dann würde ich vorschlagen, wir verlegen die Sache nach Rom. Dort ist das Zentrum der Macht und ..." Ein Blick in Gabriels Gesicht ließ ihn verstummen. „Äh ... nicht nach Rom?"

Der Erzengel nickte langsam.

„Also Jerusalem", seufzte Skeptimus. „Nun gut, immerhin baut Herodes dort gerade einen mächtigen Tempel ..." Erneut verstummte er.

Gabriel hatte die Brauen gehoben.

„Skepti, alter Junge", meldete sich Ephrael zu Wort, „Was glaubst du wohl, warum Gabriel ausgerechnet uns zu sich gerufen hat?"

„Bethlehem?", schnaufte Skeptimus. „Der Sohn des Höchsten soll in diesem Provinzkaff geboren werden?!"

„Na hör mal", beschwerte sich Ephrael. „So schlimm ist es nun auch wieder nicht. Immerhin ist es die Geburtsstadt Davids."

Skeptimus stöhnte. „Na gut, wenn es denn unbedingt sein muss. Ich werde organisieren, dass er zumindest die beste Herberge der Stadt und eine gute Hebamme bekommt."

„Das wirst du nicht!", sagte Gabriel ernst.

„Aber wir können doch nicht untätig bleiben! Ich habe gehört, dass Kaiser Augustus eine Volkszählung plant und alle Einwohner seines Reiches zurück in die Stadt ihrer Väter gehen müssen. Das wird dort rappelvoll."

„Du hast gehört, was ich gesagt habe."

„Ist ja schon gut. Aber dann beschwer dich nicht, wenn es mit der Buchung schwierig wird. Wir wollen ja schließlich nicht, dass der Sohn des Höchsten in einem Schafstall zur Welt kommt, oder?" Er lachte etwas gekünstelt.

Gabriel verzog keine Miene.

„Also, was ist unser Job?", fragte Ephrael.

„Ihr leitet den Chor."

Ephrael grinste. „Cool. Das volle Programm?"

Gabriel nickte.

Skeptimus schürzte die Lippen. Das war kein schlechter Plan. Wenn der Chor der Engel sang, würden selbst die kritischsten Menschen beeindruckt sein. Es kam nur darauf an, dass die geeigneten Leute zuhörten. Auf jeden

Fall sollten ein paar königliche Beamte und Priester dabei sein. Er stellte im Geist eine Liste auf. „Das dürfte etwas eng werden auf dem Markplatz", bemerkte er schließlich.

„Oh, ihr singt nicht in der Stadt", erwiderte Gabriel. „Das Konzert findet draußen bei den Hürden statt, wo die Hirten bei ihren Schafen übernachten."

„Cool!", kommentierte Ephrael.

Skeptimus dagegen fiel die Kinnlade herunter. „Das ist der Plan?", rief er aus. „Wir machen ein himmlisches Konzert irgendwo in der Pampa für ein paar versoffene Hirten? Was sollen denn das für Botschafter sein? Die kriegen doch kaum die Zähne auseinander. Ich seh sie jetzt schon in die nächste Schenke rennen und murmeln: „Neulich gab's bei uns hinterm Olivenhain 'n Engelkonzert. Der Sohn des Höchsten trägt jetzt Windeln. Hammer! Schenkste mir mal 'nen Wein ein, Kumpel?"

Gabriel lächelte. „Weißt du, mein lieber Skeptimus, ich glaube, dass heute eine Geschichte beginnt, die uns in alle Ewigkeit staunen lässt."

Einige Monate später wurde ein kleiner Junge in einem ärmlichen, nach nasser Ziege und Schafskot stinkenden Verschlag geboren, der sich Stall nannte. Weil es nirgendwo einen trockenen und sauberen Ort gab, wickelte die junge Mutter das Baby in Windeln und legte es in eine Futterkrippe. Ein paar Hirten mit wettergegerbten Gesichtern standen verlegen davor und starrten den Winzling mit großen Augen an.

Aus der unsichtbaren Welt lugte ein skeptischer Engel durch einen Spalt in den vermoderten Dachsparren hinab auf das rosafarbene Menschenwürmlein.

Es war geschehen: Das strahlende Licht des Schöpfers war hinabgesunken in ein dunkles, irdisches Loch. Skeptimus erschauerte, als er das helle Glänzen in den Augen des hilflosen kleinen Jungen erblickte. Es war das Leuchten des Himmels mitten in der Düsternis dieses verlorenen Ortes. Verblüfft stellte er fest, dass er etwas gänzlich Unerwartetes in sich verspürte: eine Mischung aus Freude und Neugier. Ein Staunen hatte begonnen, und er ahnte, dass es so bald nicht wieder aufhören würde.

Heilige Nacht

So ward der Herr Jesus geboren
Im Stall bei der kalten Nacht.
Die Armen, die haben gefroren,
Den Reichen war's warm gemacht.

Sein Vater ist Schreiner gewesen,
Die Mutter war eine Magd.
Sie haben kein Geld nicht besessen,
Sie haben sich wohl geplagt.

Kein Wirt hat ins Haus sie genommen;
Sie waren von Herzen froh,
Dass sie noch in' Stall sind gekommen.
Sie legten das Kind auf Stroh.

Die Engel, die haben gesungen,
Dass wohl ein Wunder geschehn.
Da kamen die Hirten gesprungen
Und haben es angesehn.

Die Hirten, die will es erbarmen,
Wie elend das Kindlein sei.
Es ist eine G'schicht' für die Armen,
Kein Reicher war nicht dabei.

Ludwig Thoma

Keine gewöhnliche Nacht

Max Lucado

Eine ganz gewöhnliche Nacht mit ganz gewöhnlichen Schafen und ganz gewöhnlichen Hirten. Vielleicht sagen Sie, das klingt langweilig. Wäre da nicht ein Gott, der nur zu gern ein „außer" vor das „gewöhnlich" hängt, wäre diese Nacht vielleicht völlig unbemerkt vergangen. Die Schafe wären schnell vergessen und die Hirten hätten einfach geschlafen.

Aber Gott platzt ins Gewöhnliche hinein, und in dieser Nacht packte er seine größte Überraschung aus.

Der nachtschwarze Himmel explodierte plötzlich vor lauter Licht. Bäume, die nur Schatten waren, konnte man plötzlich klar und deutlich sehen. Die schweigenden Schafe blökten vor Neugier. In einem Augenblick schliefen die Hirten noch tief und fest, im nächsten rieben sie sich die Augen und starrten einem Außerirdischen ins Gesicht. Diese Nacht war überhaupt nicht mehr gewöhnlich.

Der Engel kam in der Nacht, weil man da das Licht am besten sieht und die Engel dann am meisten gebraucht werden. Und Gott kommt aus dem gleichen Grund in das Alltägliche hinein. Seine mächtigsten Werkzeuge sind die ganz einfachen Dinge.

Ehre sei Gott im Himmel! Denn er bringt
der Welt Frieden und wendet sich den Menschen in
Liebe zu. Betrachten Sie das Wunder seiner Geburt
doch mal genau so, wie es die Hirten getan haben, und
antworten Sie mit kindlichem Staunen darauf.

Sarah Young

Wie eine Schachtel Pralinen

Doris Schulte

„Das Leben ist wie eine Schachtel Pralinen. Man weiß nie, was man kriegt!" Diese Worte stammen aus dem bekannten Film „Forrest Gump". Und sie sind wahr. Manchmal bietet uns das Leben eine besondere Freude: einen Heiratsantrag oder einen interessanten Job. Manchmal kämpfen wir mit einer Krankheit oder erfahren einen schmerzlichen Verlust. Egal, was wir erleben, wir können jeden Tag damit rechnen, dass Gott uns Pralinen vom Himmel schickt.

Schokoladenliebhaber wissen, dass Pralinen klein, aber fein sind – oft ein Geschenk zwischen Liebenden.

Eine Praline vom Himmel ist ebenfalls ein Geschenk zwischen Liebenden. Gott, der uns liebt und reich an Gnade ist, bietet uns täglich Pralinen der Hoffnung und Ermutigung an. Unsere Aufgabe ist es, Gottes Pralinen zu erkennen und anzunehmen.

Man kann diese Pralinen auch Erinnerungshilfen an Gottes Gegenwart nennen. Ich habe solche Erinnerungshilfen in meinem Haus – kleine Zeichen von Gottes Liebe, die ich aufgehoben habe. Seit diesem Sommer habe ich eine neue Lieblingspraline: ein Ein-Cent-Stück. Es erinnert mich daran, auf Gott zu vertrauen. Und das kam so:

Auf dem Heimweg aus unserem Urlaub las ich die Geschichte einer amerikanischen Referentin, die sich schwertat, Gott zu vertrauen. Weil sie keinen Frieden darüber empfand, dass Gott sie zur Referentin berufen hatte, bat sie Gott um ein Zeichen. Am folgenden Tag traf sie sich mit einer Freundin zum Essen und erzählte ihr von ihren schlaflosen Nächten. Während der Unterhaltung räumte der Kellner die leeren Teller vom Tisch, um Platz für den Nachtisch zu schaffen. Als er ihren Teller anhob, lag ein Cent-Stück darunter. Dazu muss man wissen, dass auf einem amerikanischen Cent die Worte „In God we trust" (dt. „Wir vertrauen auf Gott") stehen. Beide Frauen waren sprachlos über diese unerwartete Antwort.

Als ich diese Geschichte las, dachte ich: *Gott, ich würde dir auch gerne mehr vertrauen! Bitte schick mir auch solche Zeichen deiner Liebe!*

Am nächsten Morgen stieg ich in mein Auto, um Lebensmittel einzukaufen. Plötzlich erinnerte ich mich daran, dass der Tank fast leer war. Die rote Kontrollleuchte hatte schon vor dem Urlaub geblinkt. Betend fuhr ich zur nächsten Tankstelle – hoffentlich würde der Sprit noch reichen! Ich kam an, tankte, bezahlte und fuhr weiter. Als ich nach dem Einkaufen in mein Auto steigen wollte, entdeckte ich auf dem Asphalt ein einzelnes Cent-Stück. „Oh Gott", sagte ich, „du hast mein Gebet erhört und ich habe es einfach übersehen und dir nicht gedankt. Verzeih mir! Danke, dass ich es bis zur Tankstelle geschafft habe! Und danke für das Cent-Stück!"

Wir sind nicht allein auf dieser Welt. Gott ist bei uns und schickt uns immer wieder Zeichen seiner Liebe. Achten Sie darauf!

Sie leben in der Hand Gottes.
Gottes Herz ist bei dem bloßen Gedanken
an Sie mit Liebe und Freude erfüllt.
Wenn Sie jemanden lieben und an ihn denken,
dann lächeln sie unwillkürlich.
Und genauso geht es auch Gott,
wenn er an Sie denkt.
Sie sind von Gott geliebt.

John Ortberg

Das improvisierte Weihnachtsfest

Kristi Hemingway

Mir wurde eine gewisse Rastlosigkeit bereits in die Wiege gelegt. Nach der Schule besuchte ich eine Universität fern meiner Heimat und trat dann einer Theatergruppe bei, mit der ich durch ganz Nordamerika und Europa reiste. Die meiste Zeit war ich sehr weit weg und sehr pleite, doch egal, wo ich mich gerade herumtrieb, zu Weihnachten schaffte ich es immer, heim nach Colorado zu kommen. Manchmal bedeutete diese Reise für mich tage- und nächtelange Fahrten durch Schneestürme, literweise Espresso, zwölfstündige Flüge, Verbindungen, die mich im Kreis schickten, verlorenes Gepäck und Zollbeamte, die es scheinbar immer auf mich abgesehen hatten.

Unsere Weihnachtstraditionen waren relativ durchschnittlich: Baum, Geschenke, viel zu viel Essen, Christmette in der Kirche, eine Filmsession „Weiße Weihnachten" mit meiner Schwester. Nichts Außergewöhnliches, doch da ich so weit weg lebte, war es lebensnotwendig, zu Weihnachten zu Hause zu sein. Ich wollte meine Geschwister sehen und auf dem Laufenden bleiben. Ich wollte eine Beziehung zu meinen Nichten und Neffen pflegen und dass auch sie mich gern wiedersahen.

Dann verlobte ich mich und reiste mit meinem Verlobten Calvin zum Heiraten nach Colorado. Drei Jahre lang hatten wir eine Fernbeziehung gepflegt und sahen nun keinen Grund mehr, noch länger zu warten. Wir flogen zum Arbeiten zurück nach Europa und wussten, dass die Wahrscheinlichkeit einer erneuten Heimreise in näherer Zukunft äußerst gering war. Weihnachten würden wir wahrscheinlich in heimeliger Zweisamkeit verbringen.

„Das ist in Ordnung", sagte ich mir. „Wir sind jetzt eine eigene Familie. Das wird romantisch." Zudem würde unsere Tournee in der Schweiz enden, also würden wir Weihnachten wahrscheinlich dort verbringen. Da gibt es sicher Schlechteres! Es würde uns nicht schwerfallen, das Beste daraus zu machen – ein ganz besonderes Weihnachtsfest!

Doch je näher das Ende unserer Tournee rückte, desto mehr bröckelte mein Optimismus. Wir sahen unsere Teamkollegen davonziehen und ich wurde immer unglücklicher über meine eigene Situation. Zwar war ich frisch verheiratet und die Welt hätte rosarot sein sollen, doch in Wirklichkeit hatten die ersten sechs Ehemonate kaum dazu beigetragen, unsere ehelichen Bande zu stärken. Wir hatten in einem Kleinbus gelebt, um uns herum ein Team verrückter Künstler, und auf Ausziehsofas in Hütten fremder Leute übernachtet. Ehrlich gesagt, rate ich keinem vernünftigen Menschen zu einem solchen Start in die Ehe. Unsere Harmonie war, gelinde gesagt, ein wenig verstimmt. Drei ganze Wochen ungestörte Zweisamkeit erschienen mir fast so unangenehm wie die allererste Schuldisko. Ein kleines Verwöhnprogramm bei Freunden und Familie wäre so viel weniger anstrengend.

Der Mangel an Gesellschaft war nicht der einzige Punkt auf meiner Negativliste. Wir hatten nämlich kein Zuhause. Wie schon gesagt, reisten wir mit einem Kleinbus umher und bekamen jeweils von den Veranstaltern Unterkünfte zugewiesen. Da wir freihatten, mussten wir uns nun selbst eine Unterkunft suchen. Eine kostenlose. Und wer möchte schon zwei zankende Vagabunden am Heiligen Abend zu sich nach Hause holen? Selbst wenn jemand Mitleid haben und uns in seinen „Stall" einladen würde, würde es mir äußerst schwerfallen, noch das kleinste Körnchen Dankbarkeit für eine fremde Ausziehcouch aufzubringen.

Hinzu kam, dass uns das ganze Drum und Dran fehlte. Bei unserem Leben als Künstler, die ständig auf Tournee waren, blieb uns kein Geld zur freien Verfügung, darum war der Kauf von Geschenken so gut wie unmöglich. Und als Krönung der ganzen Situation bekam Calvin schließlich auch noch eine Entzündung am Weisheitszahn. Er wurde fast wahnsinnig vor Schmerz. Wir mussten diesen Zahn unbedingt behandeln lassen und beteten: Es war kein besonders geistliches Gebet, sondern eher ein verzweifeltes.

Auf dem Weg aus der Stadt hielten wir bei unserem Regionalvertreter Jean-Francois an, um einen Terminplan für unsere nächste Tournee abzuliefern. Er warf einen Blick auf Calvin und erschrak. Sofort griff er zum Handy und telefonierte. Dabei sprach er viel zu schnell, als dass ich seinem Französisch hätte folgen können, doch es klang sehr eindringlich und sehr überzeugend. Zwanzig Minuten später wurde die Leidensursache aus Calvins Kiefer herausgeholt, und zwar von Jean-Francois' Freund höchstpersönlich, der zufällig Zahnchirurg war und ferner beschlossen hatte, dafür kein Geld zu verlangen, weil es zwei Tage vor Weihnachten war. Gott ist so genial und auch seine Leute können manchmal so genial sein.

Während Calvin repariert wurde, schlenderte ich durch die Straßen von Lausanne und sog die Weihnachtsstimmung mit all ihren Lichtern in mich auf. Ich verwendete meinen winzigen Fundus an Schweizer Franken, um ein paar Schokotaler, einen hübschen Stift, eine Aufnahme von Calvins Lieblingskünstler und ein paar andere Leckerbissen zu kaufen. Wenn ich jedes einzeln verpacken und mit Schleife versehen würde, hätten wir ein Miniaturweihnachten. Es sollte ein Friedensangebot sein – mein Versprechen für einen Neuanfang. Unsere Harmonie war schon ein wenig zurückgekehrt, seitdem der Tourneedruck nicht mehr auf unseren Schultern lastete. Ein bisschen Zeit in Zweisamkeit würden wir schon aushalten.

Mit diesem Gedanken kam die Erinnerung daran, dass wir noch eine Unterkunft brauchten. Wir hatten eigentlich bereits ein Angebot, doch ich schob den Anruf vor mir her. Timothy und Pierette sind ein älteres Ehepaar, Onkel und Tante eines Kollegen. Sie wohnen in einem abgelegenen Bergdorf wenige Stunden von Genf entfernt und wir hatten sie auf unserer Tournee kennengelernt. Timothy hat eine Hühnerfarm und Pierette betreibt den Kramladen im Dorf. Sie hatten erwähnt, dass sie ein „petit apartement" im Keller hätten und wir jederzeit bei ihnen willkommen wären.

Warum hatte ich sie nicht angerufen? Ich hatte ein bestimmtes Bild vor Augen: Eine mit Spinnen übersäte Treppe, die in ein nasskaltes Zimmer führt, in dem eine nackte Glühbirne von der Decke baumelt. Hühner würden vor der Tür umherpicken und durch die Ritzen würde Schnee hineinwehen. Wir würden in abgewetzten Decken schlafen und zu Weihnachten Rührei essen … Ehrlich gesagt schwelgte ich geradezu in diesen traurigen, erbärmlichen Fantasievorstellungen. Mein erstes Weihnachten fern der Heimat würde eine klassische Weihnachtstragödie wie „Das Geschenk der Weisen" werden, dachte ich.

Ich wurde in die Realität zurückgeholt, als Calvin ankam, die Backen sehr geschwollen. Er wollte sofort von mir wissen, ob ich Pierette schon angerufen hätte.

Ich seufzte. Wir hatten tatsächlich keine Wahl. Ich versuchte, mich innerlich mit der Jungfrau Maria und der ganzen Stallgeschichte zu solidarisieren, redete mir ein, dass ich auf diese Weise bestimmt im Glauben wachsen würde, doch es war nicht sonderlich tröstlich. Kein bisschen hilfreich.

Wieder betete ich. „Herr, ich vermisse meine Familie. Bisher ist die Ehe nicht so toll, wie ich erwartet hatte, und ich fühle mich wie Heidi, die irgendwo in den Bergen in einem beängstigenden Keller bei fremden alten Leuten wohnen soll. Ich will das Beste daraus machen. Ich weiß, dass ich nicht so egoistisch sein soll. Ich weiß, dass ich dich bitten sollte, zu wachsen und so selbstlos zu werden wie du, aber ich will lieber bitten, dass wir richtig schöne, fröhliche Weihnachten zusammen erleben. Um beides kann ich dich wahrscheinlich eher nicht bitten …"

Ich rief an, bekam die Wegbeschreibung und fuhr mit dem Kleinbus die gewundene Bergstraße hinauf. Es war schwer, den stoischen Ernst beizubehalten, denn Calvin war endlich schmerzfrei und der blendend weiße Schnee glättete alle scharfen Kanten, er bedeckte allen Schmutz mit strahlender Reinheit. Es war der Nachmittag des 24. Dezembers, als wir uns dem Dorf La Côte Aux Fees näherten – in der Hoffnung, es nicht zu verpassen, da das ganze Dorf anscheinend nur zwei Querstraßen lang war.

Calvin murmelte die Wegbeschreibung durch Wattebäusche hindurch, bis wir vor einem schiefen dreistöckigen Gebäude hielten, an dessen Fassade ein großes Ameublements-Schild hing. Das ist Französisch für „dies & das". Hier musste Pierettes Tante-Emma-Laden sein.

„Angekommen", seufzte ich und zwang mich zu einem resignierten Lächeln. Calvin antwortete mit einem etwas „einseitigen", aber fröhlichen Lächeln. Er war richtig high durch die Schmerzmittel. Er hatte ja keine Ahnung!

Zögernd klopfte ich an. Die Tür flog auf, Timothy und Pierette begrüßten uns stürmisch. Wir wurden sogleich ins Wohnzimmer geführt, dessen Anblick uns anlockte wie ein warmes Bett in einer kalten Nacht. Ein Feuer knisterte, ein Weihnachtsbaum verströmte festlichen Glanz. Es gab Stuhlpolster mit Stickerei, einen gehäkelten Teewärmer und Porzellantassen mit winzigen Rosenknospen darauf. Uns wurden frisch aus dem Ofen geholte Plätzchen und heiße Schokolade mit sehr viel Schlagsahne serviert.

Über die dampfenden Tassen hinweg fragten sie uns über unsere Tournee aus, über unsere Hochzeit, über unsere Familien. Wir erfuhren alles über die Hühnerfarm und das Leben in einem kleinen Schweizer Dorf. Wir lachten, waren vergnügt und aßen Plätzchen, bis ich jegliches Zeitgefühl verloren hatte. Gott hatte mein Gebet längst erhört, bevor ich es gesprochen hatte. Er wusste, was ich brauchte. Er wusste, was unsere Ehe brauchte, und er hatte diesen Ort für uns lange im Voraus vorbereitet. Dies war der ruhigste Ort der Welt, um über Weihnachten aufzutanken. Zwar hatte ich das „petit apartement" im Keller noch nicht gesehen, doch Pierette hatte gesagt, dass wir jederzeit, sooft wir wollten, zu ihnen nach oben kommen durften.

Das Klingeln des Telefons durchbrach unser entspanntes, freundliches Gespräch. Aus dem Telefongespräch schnappten wir ein „Zut Alors!" Mit einer Sorgenfalte auf der Stirn kehrte Timothy zu uns zurück.

Das Dorf war in Aufruhr. Der Pfarrer war krank! Er hatte Fieber und war vollkommen heiser. Nun gab es niemanden, der das Heiligabendprogramm durchführte. Timothy und Pierette tauschten angespannte Blicke aus, und Pierette begann sofort, das Geschirr abzuräumen. Wenn es keine klare Lösung gibt, ist Aufräumen immer hilfreich.

Zwischen Calvin und mir schossen völlig andere Gedanken und Blicke hin und her. Er sah mich an und zog eine Augenbraue hoch, ich antwortete mit einem Lächeln und einem Nicken. Da musste man gar nicht lange nachdenken! Wir sprangen auf und boten in begeistertem Französisch einstimmig an: „Wir machen das!"

Wochenlang hatten wir nichts anderes als Weihnachtsprogramme aufgeführt. Wir besaßen ein großes Repertoire, aus dem wir schöpfen konnten. Einen starren Augenblick lang dauerte es, bis bei Timothy der Groschen fiel. Dann breitete sich allmählich Erleichterung auf ihren Gesichtern aus, und sie stießen ein frohes „Mais bien sur!" aus – „aber natürlich!".

Wir fingen sofort an, Requisiten zu sammeln, Texte zu proben und all die Musik zu planen, die wir zu zweit spielen konnten. Rasch zogen wir uns um und brachen auf.

Wir waren ganz bei der Sache. An diesem Abend bildeten wir ein perfektes Team. Als würde eine Flutwelle über mich hinwegspülen, erinnerte ich mich wieder daran, warum ich mich entschieden hatte, den Rest meines Lebens mit diesem Mann zu verbringen. Dieses Stück am Heiligen Abend für die Menschen in diesem Dorf aufzuführen, war perfekt. Es gab Gelächter, Schniefen und spontane Gefühlsausbrüche. Während ich meinen Text sprach, durchdrang die Wahrheit der Worte mein eigenes Herz – wir waren dazu da, einander in unserer Not zu begegnen. Aus diesem Grunde waren wir hierhin geschickt worden. Gottes Souveränität rührte mich an. Seine Liebe und Fürsorge erfasste mich auf unergründliche Weise; er kümmert sich um die winzigsten Details und meine kleinsten Wünsche. Und dennoch ging es gleichzeitig auch ganz um Calvin, um den Mann in der ersten Reihe, dem Tränen über die Wangen strömten, und es ging ganz um Pierette mit ihrem Laden, um den Zahnchirurgen; um jeden meiner Teamkollegen, der jetzt zu Hause bei seiner Familie war. Wir waren Gottes Geschenk füreinander. Wie ein großer Komponist führte er alle Instrumente zusammen – jedes hatte seinen einzigartigen Klang; spielte einen anderen Part. Und Gott sorgte dafür, dass es letztendlich eine schöne Gesamtkomposition wurde.

Nach dem Programm wurden wir zum Abendessen eingeladen, bei dem es viel Käse und Schokolade gab und die köstlichsten Speisen der Schweiz. Kein einziges Rührei. Wir fanden es wunderbar, vom Leben dieser Menschen zu hören, das so anders ist als unseres. Wir gingen die Hauptstraße entlang, wieder zu den Ameublements, und bewunderten das helle Strahlen der Sterne am Nachthimmel über den Bergen.

PS.: Die Treppe zu unserem Zimmer war steil und der Keller war in der Tat dunkel und nasskalt. Wir öffneten die Tür und wurden von funkelnden Lichtern, einem kleinen Weihnachtsbaum in der Ecke und immergrünen Zweigen begrüßt. All diese Herrlichkeiten schmückten ein frisch umgebautes, blitzsauberes Einzimmerapartment. Auf dem Tisch stand ein gefüllter Obstkorb, und auf dem großen weichen Bett lag die weißeste, kuscheligste Daunendecke, die ich je gesehen hatte. Spontan trug Calvin mich über die Schwelle. „Frohe Weihnachten", sagte ich. Dann stellte er mich wieder auf den Boden und schlang seine Arme um mich. Ich umarmte ihn ebenfalls. Wir waren Gottes Geschenk füreinander. Hier gehörte ich hin.

Freude

Freude soll nimmer schweigen.
Freude soll offen sich zeigen.
Freude soll lachen, glänzen und singen.
Freude soll danken ein Leben lang.
Freude soll dir die Seele durchschauern.
Freude soll weiterschwingen.
Freude soll dauern
ein Leben lang.

Joachim Ringelnatz

Der Pirat an der Krippe

Fabian Vogt

Ich fragte meinen Sohn Moritz beim Schaukeln im Garten: „Hast du Lust, dieses Jahr beim Krippenspiel mitzumachen?"

„Na klar", entgegnete er, sprang von der Schaukel und machte Anstalten, ins Haus zu rennen. „Ich hole nur schnell mein Piratenkostüm."

„Langsam, langsam", rief ich ihm hinterher, „erstens beginnen die Proben erst am Samstag – und zweitens kommt in der Weihnachtsgeschichte gar kein Pirat vor."

Mein Sohn drehte sich um, neigte den Kopf zur Seite und sah mich fragend an. „Woher weißt du das?"

Ich beugte mich zu ihm hinab: „Nun, die Rollen sind ja genau bekannt. In der Weihnachtsgeschichte kommen folgende Personen vor: Maria, Josef, Engel, Hirten und die Weisen aus dem Morgenland. Und keiner von denen war Pirat."

Moritz erwiderte cool: „Josef war Pirat. Das weiß ich ganz sicher."

„Nein", meinte ich, „Josef war Zimmermann."

Da flitzte er wie der Wirbelwind davon und kam wenig später mit einem großen, schwarzen Buch in der Hand zurück. „Hier steht es drin." Er zeigte auf eine wüste Totenkopf-Flagge: „Es gab auf jedem Piratenschiff einen Zimmermann, einen Schiffszimmermann. Siehst du, ich hatte doch recht."

Ich hob abwehrend die Hände. „Nein, du hast nicht recht. Denn damals existierten solche Seeräuberschiffe wie in diesem Buch noch gar nicht."

Wütend stemmte er seine Arme in die Seiten. „Natürlich gab es die. Pass auf: Beim barmherzigen Samariter wird doch zum Beispiel von wilden Räubern erzählt, die einen Mann überfallen und ausrauben. Also gab es Räuber. Und mittendrin in Israel liegt ein See. Also gab es auch Seeräuber. Und die Jungens, die Jona über Bord geschmissen haben, waren auch mit einem großen Schiff unterwegs ... und überhaupt ..."

Ich legte das Buch zur Seite und versuchte, die richtigen Worte zu finden. „Also ... vielleicht gab es damals tatsächlich schon Seeräuber. Aber Josef wohnte in Nazareth. Und Nazareth liegt weder am Meer noch an einem See, sondern in den Bergen. Also war Josef kein Schiffszimmermann, sondern ganz eindeutig ein ... äh, ein Landzimmermann."

Mein Sohn hob genervt die Augenbrauen: „Du hast einfach keine Ahnung, Papa. Echte Piraten haben doch immer geheime Piratenverstecke, in die sie sich zurückziehen können. Und wo lassen sich Schätze besser in Sicherheit bringen als in einem kleinen Bergdorf? Hast du dich noch nie gewundert, dass Nazareth fünfundzwanzig Kilometer vom Meer entfernt liegt? Das war wirklich ein ideales Versteck, das man in einer Tagesreise erreichen konnte."

Ich war etwas verblüfft darüber, was die Kinder heute im Kindergottesdienst so alles lernen, wollte aber noch nicht aufgeben.

„Gut. Angenommen, Josef lebte tatsächlich als Schiffszimmermann in dem Piratennest Nazareth. Warum erwähnt die Bibel das denn nicht?"

Moritz zog seinen Säbel und hieb damit einmal durch die Luft. „Papa, das konnte er doch niemandem verraten. Er wäre ja sofort verhaftet worden. Kein echter Pirat erzählt rum, dass er ein Pirat ist. Trotzdem war er einer. Das erklärt übrigens auch, warum er in Nazareth lebte, obwohl er in Bethlehem geboren wurde. Dort wusste keiner, welchen Beruf er in Wahrheit ausübte, und wenn er auf Kaperfahrt war, dann dachten alle, er sei nur mal kurz nach Hause gereist."

Mein Sohn argumentierte nun immer eifriger. „Gerade wird mir was klar: Jetzt verstehe ich auch, warum wir über die ersten dreißig Lebensjahre von Jesus fast nichts wissen. Die Leute sollten nicht merken, dass Jesus in einer Piratenfamilie aufgewachsen ist. Wahrscheinlich war er sogar selbst für einige Jahre ein Pirat …"

„Jetzt reicht's", unterbrach ich ihn. „Jesus war doch kein Pirat. Piraten sind Räuber und Diebe und oftmals auch Mörder. Das trifft ja wohl kaum auf Jesus zu."

Moritz griff meinen Arm. „Aber, Paaapaa! Es gibt doch auch liebe Piraten. Solche, die wie Robin Hood den Reichen etwas wegnehmen, um es den Armen zu geben. Bestimmt war Jesus so ein Pirat."

Ich schüttelte den Kopf. „Das glaube ich einfach nicht. Jesus war kein lieber Pirat. Er war einfach nur Zimmermann."

Moritz sah auf einmal ein wenig altklug aus. „Du musst Jesus doch nicht verteidigen, nur weil er Pirat war. Er hat das ja später alles wiedergutgemacht. Und außerdem sind Piraten auch nicht schlimmer als Zimmerleute."

Jetzt blitzte es in seinen Augen: „Beim Waldtag haben wir neulich gelernt, dass die Leute früher beim Abholzen der Wälder überhaupt nicht darauf geachtet haben, dass man auch wieder Bäume pflanzen muss. Da wurden die Bäume einfach gefällt und das Land wurde nicht wieder aufgeforstet. Tatsache ist also: Auch wenn Jesus nur Landzimmermann gewesen wäre, hätte er zur Zerstörung der Umwelt beigetragen. Er wäre allein durch die Verwendung von Holz schuldig geworden. Und auch das wäre nicht so schlimm gewesen: Er war ja Gottes Sohn und wollte ganz Mensch werden."

Ich gab auf, erhob mich und wandte mich zum Haus. Dabei murmelte ich: „Das ist mir zu hoch. Von mir aus spiel doch den Josef im Piratenkostüm. Ich schicke dann anschließend den Kirchenvorstand zu dir, damit du ihm das noch einmal in aller Ruhe erklären kannst."

„Das mache ich gerne", grinste Moritz und lief davon.

Einen Tag später erkundigte ich mich bei meiner Tochter Charlotte, die gerade von einer Freundin nach Hause kam: „Hast du auch Lust, dieses Jahr beim Krippenspiel mitzumachen?"

„Na klar", sagte sie und wollte in ihr Zimmer rennen. „Ich hole nur schnell mein Prinzessinnenkostüm."

„Halt", schrie ich etwas zu laut. „Du brauchst mir nichts zu erklären. Ich weiß schon alles: Maria war eigentlich eine wunderschöne Prinzessin, die inkognito in Nazareth wohnte. Vorher ist sie aus einem großen Schloss geflohen, hat dann Josef geheiratet und sich bei ihm versteckt. Deshalb musste die junge Familie auch vor der Rache der Schwiegermutter nach Ägypten fliehen. Habe ich recht?"

Sie sah mich an, als hätte ich nicht alle. „Nein, natürlich nicht. Was erzählst du denn da für einen Quatsch? Ich wollte an das Prinzessinnenkleid Flügel drannähen, dann sieht es wie ein Engelskostüm aus. Maria war doch keine Prinzessin."

Ich atmete auf. „Gott sei Dank. Ich war etwas durcheinander."

„Ist schon gut", lachte Charlotte, „du wirst ja auch nicht jünger. Also, für dich noch mal ganz langsam: Maria war ein junges Mädchen, dass das Glück hatte, einen Piratenzimmermann kennenzulernen …"

Vier Minuten und 33 Sekunden

Jürgen Werth

„Ruhe bitte! Ruhe!" Der Moderator des klassischen Konzerts im piekfeinen Konzertsaal von Harvard konnte das Zischeln und Tuscheln im Publikum kaum noch eindämmen. Schwarzgefrackt und abendgekleidet warteten die 426 Besucher nun schon seit dreieinhalb Minuten darauf, dass es endlich losging.

Zu einer Premiere waren sie gekommen. Ein neues Klavierstück des amerikanischen Komponisten John Cage sollte an diesem Abend uraufgeführt werden. Der Titel klang merkwürdig. Aber das war man bei John Cage gewöhnt. „4'33." Ein Datum in der Geschichte? Eine Ortsbestimmung? Eine Zeitangabe?

Viele John-Cage-Fans waren gekommen, gespannt, was der Meister sich diesmal ausgedacht hatte. Der Meister der musikalischen Avantgarde, der immer für eine Überraschung gut war.

Aber es waren auch andere im Saal. Freunde klassischer Musik schlechthin. Abonnenten der kompletten Konzertsaison, die sich doch eher auf das restliche Angebot des Abends freuten und den neuen Cage eher zu ertragen als zu genießen gedachten. Die Werke für „präpariertes Klavier" waren ihnen noch in nicht allzu guter Erinnerung. Und seiner Vorliebe, Alltagsgeräusche in das einzubeziehen, was er Musik nannte, konnten sie so gar nichts abgewinnen.

Aber es ging und ging nicht los. Obwohl der Pianist, David Tudor, schon vor, na, inzwischen über vier Minuten an seinem Flügel Platz genommen hatte. Ein Schwächeanfall? Ein Herzinfarkt gar? Zitterten seine Finger? Oder hatte er am Ende seine Noten vergessen?

„Ruhe bitte! Ruhe!" Noch einmal gab der Moderator stimmlich alles.

Da erhob sich David Tudor plötzlich und völlig unerwartet von seinem Klavierhocker und – verneigte sich vor dem Publikum.

Das war nun gänzlich irritiert.

Zunächst.

Bis ... ja, bis die Ersten verstanden und zaghaft zu klatschen begannen.

„4'33" – das war ein neuer Geniestreich des genialen John Cage. „4'33" – das waren vier Minuten und 33 Sekunden – nichts! Das heißt, nein, nicht nichts. „4'33" – das waren vier Minuten und 33 Sekunden Stille. Schweigen. Ruhe.

„Ruhe, bitte! Ruhe!" Der Moderator hatte das Thema des Stücks in Worte gefasst. Ungewollt vermutlich. Doch seine beinahe verzweifelten Zwischenrufe gingen mit manchem Konzertbesucher nach Hause.

Auch mit Peter und Susan Wylie. Als sie ein paar Wochen später daheim unterm Weihnachtsbaum saßen, waren sie sich einig: Dieses Nicht-Klavierstück, dieses Stück Nicht-Musik, Nicht-Klang war für sie das schönste Geschenk des Jahres gewesen. 4 Minuten und 33 Sekunden Stille.

Und sie dachten schmunzelnd, dass man dieses herrliche Stück Musik ja mit allen denkbaren Instrumenten – nicht – spielen könnte. Auf einer Panflöte zum Beispiel. Oder auf einem Xylophon. Man bräuchte das Instrument nicht einmal zu beherrschen. Und sie stellten sich die nächste Geburtstagsparty vor. „Ich spiele euch heute Abend ein Stück von John Cage auf einer mittelalterlichen Leier." Na, das würde ein familiengeschichtliches Ereignis werden!

Heute Abend aber beschlossen sie nur, ein stilles Weihnachtslied – nicht – anzustimmen. „Stille Nacht, heilige Nacht." Ohne Worte und ohne Töne. Die Nachbarn könnten zwar hinterher behaupten, es wäre überhaupt nicht gesungen worden an diesem Abend im Haus der Wylies. Doch was würden sie davon schon verstehen!

Und Susan Wylie erzählte später, ihr sei das Wunder der Weih-Nacht in diesem stillen Lied ganz neu nahegekommen. Während des Nicht-Singens nämlich habe sie sie beinahe sinnlich vernommen, die Chöre der himmlischen Heerscharen: „Euch ist heute der Heiland geboren, welcher ist Christus, der Herr!" Ihr war in der Stille der Heiland geboren.

Und sie beschloss, sich immer wieder solche vier Minuten und 33 Sekunden zu schenken. Sich selbst und anderen. Und das nicht nur zur Weihnachtszeit.

Was ist dir heilig?

Anonym

Vor drei Jahren besuchte ich für ein paar Tage eine Bekannte. Ich war nach einigen Stunden Autofahrt gerade dabei, innerlich anzukommen. Wir saßen da und unterhielten uns, als meine Augen an dem Kalender hängen blieben, der auf dem Küchentisch stand. Eine Frage stand auf dem Blatt: „Was ist dir heilig?"

Ich stellte ihr geradeheraus diese Frage und sie antwortete mir. Dann, nach vier oder fünf Tagen des Zusammenseins hat sie mir diese Frage gestellt. Sie wollte wissen, was mir heilig ist. Und ich habe geantwortet:

„Die Stille."

Stromausfall

Elisabeth Büchle

Zufrieden lächelnd steckte Sibilla das soeben erstandene Geschenk in ihre ohnehin schon prall gefüllte Einkaufstasche und wandte sich von der Kasse ab. Aus dem Lautsprecher erklang eine bekannte Weihnachtsmelodie, und die junge Frau freute sich, dass es keines dieser lauten, modernen Stücke war, sondern ein sanftes, leises Lied, welches von der Ankunft Jesu erzählte. Die künstlichen Kerzen an den riesigen Tannenbäumen in dem großen Einkaufszentrum warfen ihr helles Licht auf die zum Verkauf angebotenen Auslagen, und die roten und goldfarbenen Schleifen und Dekorationsstücke erzeugten tatsächlich eine fröhliche, einladende Stimmung. Gut gelaunt, da sie bereits vor dem zweiten Advent alle Weihnachtsgeschenke für ihre Familie, die Bekannten und Geschäftskollegen beisammenhatte, schlenderte Sibilla weiter durch die überfüllten Hallen, ließ sich mitreißen von dem berauschenden

Gefühl der erwartungsvollen Vorfreude und der begeistert einkaufenden Menschen um sich herum. Sie freute sich über das funkelnde Glitzern in den Augen der Kinder, die lachenden jungen Frauen, die sich an ihr vorbeischoben und einen sehr gelassenen Eindruck machten, und über die Paare, die Hand in Hand von einem Regal zum nächsten schlenderten und unendlich viel Zeit darauf zu verwenden schienen, das passende Geschenk für den geliebten Menschen zu finden.

Sibilla lachte leise vor sich hin, als sich ein ausgesprochen rundlicher Nikolaus mit wallendem weißem Bart und etwas zerzaust wirkenden weißen, langen Locken vor einige kleinere Buben kniete, um diesen ein paar Nüsse und Mandarinen zu schenken. So liebte sie die vorweihnachtliche Zeit. Irgendwie waren die Menschen glücklich, also spürte auch sie dieses tiefe, ruhige Glück in sich, das eine wohlige Wärme durch sie hindurchströmen ließ.

Sibilla wandte sich um und prallte gegen einen Mann. Der Zusammenstoß war so heftig, dass ihr ihre Tasche aus den Fingern glitt. Mit einem lauten Rumms landeten die sorgfältig ausgesuchten und bereits mit grünem und rotem Papier verpackten Geschenke auf dem harten, von feuchten Schuhen verschmutzten Steinfußboden. Sie vernahm das Splittern von Glas, sah, ohne eingreifen zu können, wie ein Paar derbe Männerstiefel eines der davonkullernden Päckchen unachtsam unter ein Regal kickte, und beobachtete zeitgleich, wie eines der Geschenkpapiere aufriss und der weiche Mohairstoff des sich darin befindenden Schales sich mit der braunen, matschigen Brühe des hereingetragenen schmutzigen Schnees vollsog. Entsetzt versuchte sie, ihre Geschenke wieder einzusammeln, und stopfte sie unachtsam zurück in die Tasche. Den Mann, der den Zusammenstoß verschuldet hatte, sah sie nicht mehr. Dafür stolperte eine Frau über sie und beschimpfte sie unfreundlich.

Als Sibilla sich endlich wieder erhob, waren die Knie ihrer Hose feucht und verschmutzt, einige ihrer Geschenke zerstört oder nicht mehr auffindbar, und ihre rechte Schulter schmerzte unangenehm. Hilflos sah sie sich um. Plötzlich war die Musik aus den Lautsprechern viel zu laut, die weihnachtliche Beleuchtung zu grell und bunt und die Menschen um sie her viel zu viele. Sie bemerkte eine genervt aussehende Mutter, die ihre beiden Kinder fest an den Händen gepackt hielt und eilig hinter sich herzog, sodass diese immer wieder gegen die Beine anderer Passanten stießen. Sie hörte, wie ein Mann seiner Frau vorwarf, dass sie für solchen Firlefanz kein Geld übrig hätten, und in einer Ecke stand eine verhärmt wirkende, ältere Dame, die lustlos in einem Korb mit Sonderangeboten kramte. Ein kleines Mädchen versteckte sich mit deutlicher Panik im Gesicht hinter den Beinen ihrer Mutter, als der zerzauste Nikolaus auf es zusteuerte, und doch schob die Frau das Kind wieder nach vorne auf den bärtigen Unbekannten zu, damit es sein Geschenk überreicht bekam. Zwei junge Männer griffen in ein Regal mit Computerspielen, und zurück blieben einige Zellophan-Verpackungen. Die Spiele verschwanden in irgendwelchen Jacken-Innentaschen und die Männer zwischen sich vorwärtsdrängenden Menschenmassen.

Sibilla schwirrte der Kopf. Jegliches fröhliche Glücksgefühl war verschwunden und einer fast panischen Verzweiflung gewichen. Energisch, beinahe rücksichtslos kämpfte sie sich durch die Menschen auf den Ausgang zu und trat erleichtert auf die Straße, um dort von einem viel zu schnell vorbeifahrenden Auto von oben bis unten mit schmutzigem Schneematsch vollgespritzt zu werden. Mit offenem Mund blickte sie an sich hinab und konnte nur mühsam ihre aufkeimende Wut unterdrücken. Die Reklametafeln blinkten grell mit der weihnachtlichen Straßenbeleuchtung um die Wette. Die kalte Luft roch nach Abgasen und war erfüllt von dem ungeduldigen Hupen und dem lauten Geräusch der dicht hintereinander vorbeifahrenden Fahrzeuge auf der mehrspurigen Fahrbahn.

Enttäuscht und unwillig trat Sibilla den Heimweg an. Nachdem sie mehrere von Menschen überfüllte Straßen überquert hatte, gelangte sie zu dem großen Park. Vor diesem standen, dicht gedrängt um ein Feuer in einer alten Blechtonne, mehrere dunkel gekleidete Personen und wärmten sich ihre Hände. Sie trugen zerschlissene Mäntel und unzureichend wärmende Mützen, Handschuhe und Stiefel. Aus einem Impuls heraus drückte Sibilla einer der frierenden Frauen ihre Einkaufstasche in die Hand und ging dann die wenigen Stufen in den Park hinein. Dort wurde der Verkehrslärm ein wenig leiser, sodass sie sogar den Schnee unter ihren Füßen knirschen hörte. Gegen die Lichter der weit in die Höhe ragenden Hochhäuser konnte sie ihren Atem als kleine, weiße Wölkchen in den nachtschwarzen Himmel steigen sehen. Unwillkürlich blieb sie stehen und schob ihre klammen Hände tief in die Tasche ihrer Jacke, froh, die Einkaufstasche nicht mehr tragen zu müssen.

In diesem Augenblick geschah es.

Die Lichter hinter sämtlichen Fenstern verlöschten gleichzeitig. Die beleuchtete Auto- und Zugbrücke über dem Fluss verschwand in der nächtlichen Dunkelheit. Die bis in den Park hinein blinkenden und flimmernden Weihnachtsdekorationen und Reklameschilder verglommen langsam – und dann war es plötzlich vollkommen dunkel. Der Verkehr kam zum Erliegen, da Ampeln ausfielen und Straßenbahnen stehen blieben. Die Motorengeräusche und das stete Hupen verstummten ebenso wie die Musik aus den Einkaufshäusern. Es wurde ruhig.

Staunend drehte die junge Frau sich einmal um sich selbst. Der gefrorene Schnee unter ihren Schuhen knirschte vernehmlich, der eisige Wind brannte auf ihrem Gesicht und brachte die blätterlosen Bäume zum Knacken. Die Büsche raschelten laut, und für einen kurzen Moment war das leise Zwitschern eines Vogels zu hören, als wundere auch er sich über die plötzlich hereingebrochene Stille und Dunkelheit.

Sibilla spürte das Schlagen ihres Herzens. Für einen Moment empfand sie Furcht. Doch dann legte sie den Kopf ein wenig in den Nacken und blickte zum dunklen Himmel hinauf. Millionen von hell glänzenden, blinkenden Sternen lachten ihr freundlich zu und malten Bilder in das unendliche Schwarz des Universums. Fasziniert betrachtete sie die unendliche Weite, und eine nie gekannte friedliche, glückliche Ruhe legte sich auf sie. Ein strahlendes Lächeln legte sich auf ihr vor Kälte gerötetes Gesicht. Dies war ein wunderbares, atemberaubendes Weihnachtsgeschenk. Stille in einer lauten, geschäftigen Stadt, und ein Blick auf das von Gott wunderbar geschaffene Himmelszelt, frei von störenden, künstlichen Lichtern und fernab der Hektik dieser Zeit.

Minutenlang stand sie einfach nur da, blickte in den Himmel und fragte sich, ob Maria, Josef und die Hirten in der Heiligen Nacht wohl einen ebensolchen wunderbaren Blick gehabt hatten. Ihre Augen wurden groß und rund. In die Stille hinein glaubte sie plötzlich eine leise Melodie zu hören. Es klang wie der Gesang von Engeln, die Gott lobten und ihm dafür dankten, dass er den Retter als kleines Kind auf diese Erde gesandt hatte.

Vielleicht sang da gerade eine Mutter mit ihren Kindern, um diese die Angst vor der plötzlichen Dunkelheit vergessen zu lassen. Aber das war Sibilla gleichgültig. Für sie klang es wie ein Engelschor, und als die Lichter wieder angingen, die Beleuchtungen wieder grell zu blinken begannen und die Autos wieder hupten und lärmten, nahm sie die vorherige Stille, das heimelige Licht und die leise Melodie mit nach Hause. Und mit diesen auch das Gefühl, Jesus ganz nah gewesen zu sein.

Werdet still und erkennt, dass ich Gott bin.
nach Psalm 46,11

Stern über diesem Stall

O Herr der Welt, du wirst ganz klein
Und steigst herab in unsere Dunkelheit.
Ganz unscheinbar als kleines Kind
Kommst du uns Menschen so nah.

Und der Stern über diesem Stall,
Er leuchtet noch heute.
Und der Stern über diesem Stall,
Er zeigt uns den Weg.
Und der Stern über diesem Stall
Ist das Zeichen der Hoffnung,
Die für alle Zeiten besteht.

Als Bettler kommst du, Herr der Welt,
Und gehst gekrönt mit einer Dornenkron.
Was für ein Mensch, was für ein Gott,
Der sich aus Liebe verschenkt.

Friedefürst, zieh bei uns ein,
Bring unsere Herzen zur Ruh.
Friedefürst, zieh bei uns ein.
Schaff dir Raum in unserem Leben,
Strahl hinein in unsere Welt.

Denn du bist unser Morgenstern,
Und leuchtest auch heute,
Denn du bist unser Morgenstern
Und zeigts uns den Weg.
Denn du bist unser Morgenstern,
Das Zeichen der Hoffnung,
Die für alle Zeiten besteht.

Licht dieser Welt.

Text und Musik: Arne Kopfermann
© 2012 Basement Groove Publishing adm. by
Gerth Medien, Asslar

Das Licht des Himmels

Max Lucado

Die Hoffnung des Himmels bewirkt in Ihrer Welt, in Ihrem Leben das, was das Sonnenlicht im Keller meiner Großmutter bewirkt hat. Meine Vorliebe für Pfirsichkompott verdanke ich ihr. Sie hat sie selbst eingelegt und in einem Keller in der Nähe ihres Hauses eingelagert. Der Keller war tief in der Erde vergraben, hatte eine Holztreppe, Sperrholzplatten an den Wänden und roch muffig. Als Junge stieg ich immer hinein und machte die Tür hinter mir zu, um zu sehen, wie lange ich es in der Dunkelheit aushalten würde. Dann saß ich schweigend da, hörte so lange auf meinem Atem und meinen Herzschlag, bis ich es nicht mehr aushielt, rannte dann die Treppe hinauf und riss die Tür auf. Das Licht strömte dann in den Keller.

Was für eine Veränderung! Gerade eben konnte ich absolut nichts sehen – und plötzlich sah ich alles.

Genauso wie das Licht in den Keller strömte, strömt Gottes Hoffnung in Ihre Welt, in Ihr Leben. Er lässt einen Strahl der Heilung auf die Kranken fallen. Den Einsamen verspricht er Beziehungen. Den Verzweifelten bringt er das Licht.

Wenn Sie Gott haben, haben Sie immer Hoffnung.

Der Herr wird für immer dein Licht und
dein Gott wird dein Glanz sein.
nach Jesaja 60,19

Der Unbekannte an Tisch Nr. 5

Coryne Wong-Collinsworth

Es war fünf Tage vor Weihnachten und in dem Café in Nordkalifornien, in dem ich kellnerte, leuchteten Girlanden mit roten und grünen Chilischoten. Aus den Lautsprechern tönte Weihnachtsmusik, und meine Kollegen unterhielten sich eifrig über ihre Feiertagspläne. „Machst du was Schönes?", fragten sie mich. Ich schüttelte den Kopf.

Von meiner Familie in Hawaii war ich knapp fünftausend Kilometer entfernt – um mir meinen Lebenstraum zu erfüllen und Kinderkrankenschwester zu werden. Den ganzen Tag lang hatte ich Unterricht, anschließend ging ich sofort zu meinem Vollzeitjob als Kellnerin. Durch diesen Wochenrhythmus war ich unglaublich erschöpft und hatte großes Heimweh.

Normalerweise hatte ich mich immer auf Weihnachten gefreut. Doch diesen Dezember fühlte ich mich einfach nur ausgebrannt. Im Gebet sagte ich Gott, dass ich die nächsten zwei Jahre bis zum Berufsabschluss nur überstehen würde, wenn ich jetzt nach Hause dürfe, um meine Eltern und Brüder zu sehen. Aber wie? Durch Miete, Schulgeld, Kosten für Bücher und sonstige Ausgaben war mein Geld bereits aufgebraucht. Geld zum Heimfliegen? Ich hatte kaum genug, um Essen zu kaufen.

„Ich geh in die Pause. Übernimmst du solange meine Tische?", fragte Maribelle, eine andere Kellnerin, als sie auf dem Weg zum Aufenthaltsraum an mir vorbeiging. „Ach ja, und an Tisch Nr. 5 sitzt so ein Mann", sagte sie. „Er sitzt schon seit mehr als einer Stunde dort, tut auch nichts Böses, hat aber auch noch gar nichts bestellt." Sie dachte nach. „Es sieht fast so aus ... als warte er auf jemanden."

Ich blickte in die Ecke. Tatsächlich saß dort ein schlanker, sympathisch aussehender Mann in ausgeblichenen Levis, einem rot-schwarzen Karohemd und einer schwarzen Baseballkappe. Er saß ganz allein dort. Ich ging hinüber und bekam ein Lächeln zustande. „Ich bin Cory", sagte ich. „Bitte sagen Sie mir Bescheid, wenn Sie etwas möchten."

Während ich mich zum Gehen wandte, sagte der Mann etwas. Er hatte eine sanfte, leise Stimme, und doch konnte ich seine Worte in dem lauten Restaurant klar und deutlich hören. „Ich hätte gern eine Portion Nachos", sagte er, „und ein Glas Wasser."

Innerlich seufzte ich. Die Nachos waren das Allerbilligste

auf der Speisekarte, damit würde ich kaum Trinkgeld bekommen. Doch vielleicht war der arme Kerl pleite, und ich wusste nur zu gut, wie sich das anfühlte. Also gab ich mir Mühe, besonders freundlich zu sein. „Okay, kommt sofort", sagte ich. Einige Minuten später war ich wieder bei ihm und stellte die Nachos auf seinen Tisch. „Das macht zwei Dollar fünfundneunzig", sagte ich.

Er griff in seine Tasche und gab mir einen einzigen Geldschein. „Stimmt so", sagte er leise.

Ich schaute – und schaute noch mal hin. „Entschuldigen Sie bitte", stammelte ich dann. „Das ist ein Hundert-Dollar-Schein."

„Ich weiß", antwortete er freundlich.

Ich riss die Augen auf. „Das verstehe ich nicht. Was wollen Sie von mir?"

„Überhaupt nichts", sagte er und schaute mir geradewegs in die Augen. Er stand auf. „Rufen Sie heute Abend Ihre Mutter an", sagte er. „Frohe Weihnachten!" Dann ging er in Richtung Ausgang. Als ich mich umdrehte, um mich zu bedanken, war er nirgendwo mehr zu sehen, obwohl der Ausgang mindestens 15 Meter entfernt war.

Den ganzen Abend lang war ich wie benommen. Ich beendete die Arbeit, ging heim in meine Wohnung und legte das Geld auf den Tisch. Ich hatte gerade den Fernseher angeschaltet, als das Telefon klingelte. Es war meine Mutter! Sie verkündete, dass meine Brüder ein Flugticket gekauft hatten, damit ich zu Weihnachten heimfliegen konnte.

Doch sie konnten nur den Hinflug bezahlen. „Kannst du irgendwie das Geld für den Rückflug aufbringen?", fragte sie.

In diesem Augenblick erschien auf dem Fernsehbildschirm ein Werbespot. Eine große Fluggesellschaft warb für günstige Flüge nach Hawaii, einfache Strecke für 99 Dollar! Ich sprang vom Sofa und rief: „Danke, Gott. Ich flieg nach Hause!"

Das war vor sieben Jahren. Nach dem Besuch bei meiner Familie konnte ich die Ausbildung wieder mit neuem Schwung und neuer Entschlossenheit angehen. Heute bin ich ausgelernte Kinderkrankenschwester und kümmere mich um kranke Kinder. Und an jedem Weihnachtsfest versuchen mein Mann John und ich, jemandem etwas Gutes zu tun, genau wie der Mann an Tisch Nr. 5 mir etwas Gutes getan hatte. In einem Jahr kauften wir viele Paare warme Socken und krochen am Fluss entlang, wo uns der Wind unter die Jacke pfiff. Dort verteilten wir die Socken an die Menschen, die kein Zuhause haben und dort am Flussufer schliefen. Im darauffolgenden Jahr organisierten wir eine „Deckenfahrt". Und als die Obdachlosen in ihre neuen Decken gehüllt am Lagerfeuer saßen, schlug John vor, jeder solle über das kleine Baby nachdenken, das heute Geburtstag habe.

Doch ob ich nun am Fluss entlangkrieche, auf Zehenspitzen durchs Krankenhaus laufe, um Strümpfe aufzuhängen, oder heimlich Lebensmittelgeschenke hinterlasse (wer weiß, was uns dieses Jahr wieder über den Weg läuft?) – immer denke ich an jenen geheimnisvollen Unbekannten an Tisch Nr. 5 zurück, der mir damals half.

In meiner Zeit der Not erschien er mir wie ein Engel – nur ohne Glitzerflügel. Und so ein Engel kann jeder von uns sein.

Fröhliche Weihnacht

„Fröhliche Weihnacht überall!"
tönet durch die Lüfte froher Schall.
Weihnachtston, Weihnachtsbaum,
Weihnachtsduft in jedem Raum!
„Fröhliche Weihnacht überall!"
tönet durch die Lüfte froher Schall.

Darum alle stimmet in den Jubelton,
denn es kommt das Licht der Welt
von des Vaters Thron.

„Fröhliche Weihnacht überall!"
tönet durch die Lüfte froher Schall.

Licht auf dunklem Wege, unser Licht bist du;
denn du führst, die dir vertraun,
ein zu sel'ger Ruh'.

„Fröhliche Weihnacht überall!"
tönet durch die Lüfte froher Schall.

Was wir andern taten, sei getan für dich,
dass bekennen jeder muss,
Christkind kam für mich.

A. H. Hoffmann von Fallersleben zugeschrieben

Liebesknoten

Patricia E. Carr

Es begann an einem verschneiten Samstag einige Wochen vor Weihnachten. Mein Ehemann marschierte in die Küche und sagte: „Du, ich werde im Hobbyraum an etwas arbeiten, das streng geheim ist. Das bedeutet: Du musst versprechen, nicht reinzukommen."

Da es die Zeit war, in welcher der Weihnachtsmann alles genau beobachtete, hielt ich mein Versprechen ein, aber die Spannung war entsetzlich. Während meine Lippen „Alles klar" sagten, platzte ich innerlich vor Neugier – *was hat er wohl vor?*

Nachdem er an einem Tag besonders lange im Hobbyraum zugebracht hatte, erhielt ich einen ersten Hinweis. Der Papierkorb, den er in den Küchenmülleimer entleerte, enthielt Streifen und Schnipsel von buntem Geschenkpapier. Warum sollte er Geschenkpapier zerschneiden?

Ich versuchte zu raten: *Was, wenn er eine dieser furchtbaren Collagen macht, die er so liebt? Er erwartet sicher, dass ich das leidige Teil im Wohnzimmer aufhänge. Oder vielleicht ist es ein Mobile ... nein, er hätte nie die Geduld, es ins richtige Gleichgewicht zu bringen ...*

Meine Neugier hatte ihren Höhepunkt erreicht, als endlich Heiligabend war. Der „Weihnachtsmann" hatte einen Schuhkarton für mich, der an allen Seiten zugeklebt war. Drinnen lag ein Arzneiglas, das mit Hunderten von farbigen Geschenkpapierstreifen gefüllt war, die etwa je die Größe eines chinesischen Glückskekses hatten. Jedes dieser kleinen Papierstücke war zu einem leicht lösbaren Knoten gebunden. Auf dem Glas stand in der Handschrift meines Mannes geschrieben:

Dr. Carrs berühmte Liebesknoten

Bei korrekter Anwendung lindern Dr. Carrs Liebesknoten Depressionen, fördern das Wohlbefinden, bewirken den Fluss guter Körpersäfte und einen Liebeszuwachs. Falls Sie zufrieden sind, vergelten Sie es mit doppelter Liebe.

„Du darfst dir täglich eins rausnehmen", sagte mein Mann eifrig, „und du kannst sie jederzeit einlösen."

Während ich vorsichtig einen roten Liebesknoten aufband, las ich laut die Nachricht vor, die daraufstand: „Zehn Küsse wert", und löste ihn gleich bei „Doktor Carr" ein.

Doktor Carrs Liebesknoten haben Weihnachten zu einem ganzjährigen Fest gemacht. „Einmal Geschirrtrocknen" wurde mir zur Rettung an einem Samstagabend, nachdem wir unseren letzten Gast recht spät verabschiedet hatten. Es gab auch „Einen Spaziergang wert" oder „Einlösbar für einen Ausflug zu einem Antiquitätenladen deiner Wahl". Aber von allen Liebesknoten, die ich aus dem Glas fischte, war mein liebster der, auf dem folgende drei Worte geschrieben standen: „Ich liebe dich."

Ein Pappkarton voll Weihnachten

Kathryn Slattery

Wie ich heute die Kisten vom Regal holte, um die Weihnachtsdekoration zu verstauen, erinnerte ich mich an den düsteren Tag im letzten Januar, als ich sie ebenfalls dort oben ins Regal gestellt hatte. Ich sehe noch, wie ich im Wohnzimmer stand, mich umsah und mich wehmütig fühlte …

Auch jetzt werde ich schwermütig. Weg sind das Lebkuchenhaus mit dem bunten Gummidrops-Dach und die blaue Miniatur-Krippe aus Porzellan mit dem so geheimnisvoll schillernden Jesus-Baby.

Weg sind die Tannen- und Stechpalmenzweige und all die roten Beeren, die hinter jedem Spiegel und Rahmen hervorlugten. Weg sind die Kerzen und der Duft von Apfelmost und Pinien. Weg sind die knisternde Vorfreude und das Gefühl, dass bald etwas Wundervolles geschieht. Schon jetzt vermisse ich sie schmerzlich.

Alles, was von Weihnachten bleibt, sind ein paar getrocknete Nadeln, die der Staubsauger übersehen hat. Ein letzter Pappkarton, auf den ich „Weihnachten" gekritzelt habe, wartet darauf, zu den anderen ins oberste Regalfach geschoben zu werden. Und der Engel – mein Weihnachtsengel.

Er ist ein Cherub, bronzefarben, mit kurzen, dicken Flügeln. Ich habe ihn unerwartet an einem regnerischen Winternachmittag bei einer Auktion erstanden. Jetzt betrachte ich ihn genauer, wie er so auf seinen Zehenspitzen steht und seine Arme Richtung Himmel streckt. Was sieht er wohl? Bestimmt das Wunder und das Geheimnis der Geburt unseres Herrn.

Er ist ziemlich schwer und überhaupt nicht zerbrechlich. Dennoch packe ich ihn in einen Haufen Servietten ein, als wäre er aus feinstem Porzellan, und schiebe ihn sanft in die Kiste. Dort wird er bis nächstes Jahr liegen und all die Geburtstage, Ferientage und kleinen, schönen Besonderheiten der kommenden Monate verschlafen.

Bevor ich die Kiste zumache, schweift mein Blick noch einmal durch das Zimmer und eine vertraute Traurigkeit überkommt mich: Eine Wohnung nach Weihnachten, die all ihrer Deko beraubt wurde, sieht kahl und leer aus. Trotz all der Zeitungsstapel, dem Krimskrams und der verstreuten Spielsachen spüre ich, dass etwas fehlt. Dabei geht mir auf, dass mein Leben mit unserem Zuhause vergleichbar ist. Ohne Gottes Geist in meinem Leben erscheint es kahl und leer. Aber mit Jesu Geist ist es erfüllt und vielversprechend.

Plötzlich, aus einem Impuls heraus, lange ich in die Kiste und hole meinen kleinen Freund wieder heraus. Ich laufe beschwingt in Richtung Wohnzimmer und stelle meinen Engel auf den Tisch neben dem Sofa ...

Und dort, im Schatten der pastellfarbenen Seidenblumen steht er noch heute auf seinen Zehenspitzen, streckt die Arme empor und blickt nach oben – meine Erinnerung an die Botschaft von Weihnachten, die das ganze Jahr über bleibt.

Was ich dir wünsche

Dass jede Gabe Gottes in dir wachse
dass einen Freund du hast,
der deiner Freundschaft wert,
und dass in Freud und Leid
das Lächeln des menschgewordenen Gotteskindes
dich begleiten möge.

Irischer Segenswunsch

Quellenverzeichnis

S. 10: Birgit Ortmüller: *Dezembergedanken*, © Rechte bei der Autorin, Abdruck mit freundlicher Genehmigung.

S. 12: Janita Pauliks: *Der krüppelige Weihnachtsbaum*, aus: Lydia 04/2013, Abdruck mit freundlicher Genehmigung der Autorin.

S. 16: ohne Verfasserangabe: *Geschenke entdecken*, aus: Bei dir kommt mein Herz zur Ruhe, © Gerth Medien 2013.

S. 18: Hanna Willhelm: *O du fröhliche ...*, aus: H. Willhelm: Mach mal Pause, Mama!, © Gerth Medien 2020.

S. 24: Andreas Malessa: *Weihnachten liegt in der Luft*, aus: Andreas Malessa: Was gibt's da zu feiern? Weihnachtsgeschichten, kurz und gut, Brunnen Verlag, 1. Taschenbuchauflage Gießen 2018, www.brunnen-verlag.de.

S. 25: Elisabeth Mittelstädt: *Ich liebe Weihnachtstraditionen!*, aus: Meine Zeit Kalender 2010, © Gerth Medien 2009.

S. 28: Eva Ufer: *Zu Hause im Advent*, Abdruck mit freundlicher Genehmigung der Rechteinhaber.

S. 33: Britta Laubvogel: *Heimat – wo ich zu Hause bin*, aus: Lydia 01/2018, Abdruck mit freundlicher Genehmigung.

S. 37: Jürgen Werth: *Ich bin das Licht der Welt*, aus: J. Werth, Ich will dich beschenken – Gott., © Gerth Medien 2020.

S. 39: Thomas Joussen: *Der wundersame Weihnachtsfrieden*, aus: Joussen/Karliczek: In der Krippe kein Lametta, © adeo 2019.

S. 41: Howard Hendricks: *Timmys Weihnachtswunder*, aus: Alice Gray (Hg.), Ein Liebesbrief vom Himmel, © Gerth Medien 2010.

S. 44: Zitat von Thomas Franke, aus: T. Franke, Der wundersame Adventskalender, © Gerth Medien 2019.

S. 45: George Parler: *Das Geschenk*, aus: Alice Gray, Solange du mich brauchst, © Gerth Medien 2006.

S. 51: Irene Röttger: *Licht an!*, aus: Lydia Montagsgedanken Nr. 47/2019, 25. 11. 2019, Abdruck mit freundlicher Genehmigung der Autorin.

S. 54: Sefora Nelson: *Geben ist seliger als nehmen*, aus: Meine Zeit Kalender 2019, © Gerth Medien 2018.

S. 57: Thomas Franke: *Unterhaltung im Himmel* (Überschrift von der Hg.), aus: T. Franke, Der wundersame Adventskalender, © Gerth Medien 2019.

S. 68: Max Lucado: *Keine gewöhnliche Nacht*, aus: Max Lucado: Drei Minuten mit Gott, 365 Powerpacks für deinen Glauben, © Gerth Medien 2016.

S. 70: Doris Schulte: *Wie eine Schachtel Pralinen*, aus: Meine Zeit Kalender 2018, © Gerth Medien 2017.

S. 73: Zitat von John Ortberg, aus: J. Ortberg, Abenteuer Leben. Gottes überströmende Liebe im Alltag entdecken, © Gerth Medien 2015.

S. 74: Kristy Hemingway: *Das improvisierte Weihnachtsfest*, aus: Mary Hollingsworth: Das Weihnachtslächeln, © Gerth Medien 2012 (leicht gekürzt).

S. 85: Fabian Vogt: *Der Pirat an der Krippe*, aus: Inge Frantzen (Hg.), Sternenglanz und Tannenduft, © Gerth Medien 2008.

S. 90: Jürgen Werth: *Vier Minuten und 33 Sekunden*, aus: J. Werth: Pssst. Stille finden in einer lauten Welt, © Gerth Medien 2009.

S. 95: Elisabeth Büchle: *Stromausfall*, aus: Inge Frantzen (Hg.), Sternenglanz und Tannenduft, © Gerth Medien 2008.

S. 104: Max Lucado: *Das Licht des Himmels*, aus: Max Lucado: Drei Minuten mit Gott, 365 Powerpacks für deinen Glauben, © Gerth Medien 2016.

S. 106: Coryne Wong-Collingsworth: *Der Unbekannte an Tisch Nr. 5*, aus: Mary Hollingsworth, Das Weihnachtslächeln, © Gerth Medien 2012.

S. 113: Patricia E. Carr: *Liebesknoten*, aus: Patricia A. Pingry: Die Nacht, in der die Sterne sangen, © Gerth Medien 2013.

S. 116: Kathryn Slattery: *Ein Pappkarton voll Weihnachten*, aus: Patricia A. Pingry, Die Nacht, in der die Himmelstür offenstand, © Gerth Medien 2015.

Weihnachtszeit ist Wunderzeit

„Mich hat das kleine Buch mit großem Inhalt total begeistert und verzaubert, und ich weiß schon jetzt, dass es zu den Büchern gehört, das ich jedem meiner Freunde schenken werde."

Leserstimme

Nur selten nehmen wir uns in den meist hektischen Adventswochen auch wirklich die Zeit, um innezuhalten, in sich hineinzuspüren, hinzuhören. Und dann die Spuren des Wunderbaren im Alltäglichen zu finden. Genau dazu möchte Dania König mit ihren kleinen poetischen Texten und Geschichten einladen, mitten herausgegriffen aus ihrem Leben als Mama, Künstlerin, Ehefrau, und Mensch. Denn genau dort begegnen wir Gott: Mitten in unserer kleinen, manchmal chaotischen Welt, in die Jesus vor über 2.000 Jahren hineingeboren wurde. Mit seinem Licht der Hoffnung und des Lebens, das unsere Seele leuchten lässt.

 Dania König • Deine Seele will leuchten
Gebunden • 128 Seiten • ISBN 978-3-95734-805-0

Wundervolle Geschenkidee

Der Soundtrack für Weihnachten. Hier erleben Sie 11 deutschsprachige Weihnachtslieder + 1 Bonus Track. Ein Album, das wunderbare Weihnachtsstimmung verbreitet. Die Lieder werden von bekannten Künstlern der christlichen Musikszene abwechslungsreich interpretiert. Ein ideales Geschenk, um sich stimmungsvoll dem Grund des großen Festes zu nähern. Denn Jesus ist das Licht, das auch nach den Feiertagen hell leuchtet.

Mit Cae & Eddie Gauntt, Andi Weiss, Anja Lehmann, Danny Plett, Sarah Kaiser und vielen anderen. Freuen Sie sich auf stimmungsvolle Musik zu einem attraktiven Preis-Leistungs-Verhältnis.

Du bist das Licht
CD • 48 Minuten • EAN 4029856400495

© 2021 Gerth Medien
in der SCM Verlagsgruppe GmbH,
Dillerberg 1, 35614 Asslar

1. Auflage 2021
Bestell-Nr. 817781
ISBN 978-3-95734-781-7

Umschlaggestaltung: Hanni Plato
unter Verwendung von Shutterstock
Satz: Greiner & Reichel, Köln
Druck und Verarbeitung: GGP Media GmbH, Pößneck
Printed in Germany

www.gerth.de